# 京都の災害をめぐる

京都大学防災研究所所長
橋本 学 監修

大邑潤三
加納靖之 著

小さ子社

# まえがき

京都は、世界中の人々を魅了する1200年の歴史と文化あふれた町です。今や、年間延べ5275万人（2018年）もの人々が訪れます。三方を山に囲まれた盆地ゆえ夏は蒸し暑く、冬は底冷えで名を馳せています。町を東西に分かつように鴨川が流れ、山の麓には活断層が走っています。これらがひとたび暴れると大きな災厄をもたらします。そう、この町は幾多の自然災害や戦乱をくぐり抜けてきた、レジリエントな（しなやかで強い、回復力のある）都市なのです。先人達は、火災・台風・洪水・地震などに幾度も打ちのめされながらも、たくましく立ち上がってきました。この歴史こそが、独特の風土と文化を育んできたのでしょう。

先人達はこれら災害の経験を様々な形で、私達を含めた後世の人々のために遺してくれています。しかし、その多くは街角にひっそりとたたずみ、行き交う人々の目にとまることもありません。「このままでは、あまりにも惜しい」、と考えた多くの識者・研究者が、さまざまな機会をとらえて紹介してきました。しかし、コンパクトにまとまったものが見当たらない現状があります。

本書は、新進気鋭の地震研究者（加納）と地理研究者（大邑）による共同研究の成果をまとめたものです。彼らは京都大学古地震研究会のコアメンバーで、理学研究科中西一郎名誉教授らとともに、古文書の解読プロジェクト「みんなで翻刻」を主導してきました。そもそも大規模災害は頻繁に起きるものではなく、近代的な観測で得られるものは、実は多くありません。そのため、古文書や遺跡など歴史に刻まれた災害の記録を調べ、その全体像を提示することが求められます。彼らは歴史の闇の中に埋もれかけてきた災害の事実を、科学の光で照らし出すことに成功してきました。

今回、彼らは街角の何気ない風景の中に隠された先人達のメッセージを掘り起こすために、京都の街を歩き回りました。さらに、古文書の記載を丹念に読み返し、その意義を明らかにしました。そして出来上がったのが本書です。京都市内とその周辺に点在する過去の災害に関連した慰霊碑や遺構・建造物に加え、近代・現代の観測・研究施設までが紹介されています。本書を持って街歩きをするだけで、京都の災害の歴史を学べる仕組みになっています。路地裏でふと見つけた小さな碑の意義を本書から知り、そこで起きた災害に思いを巡らし、これから起きるかもしれない災害への備えの「スイッチ」を入れていただくことが、著者らにとって望むところです。

さあ、本書を手に、京都の災害探検に出かけましょう。

京都大学防災研究所・所長
橋本　学

# 京都の災害をめぐる　目次

近世以降京都を襲った主な災害の概要　5
全域地図　10
左京北部……12
御所・左京南部……24
上京・洛北……40
右京……50
二条城・西京……58
下京・洛南……68
東山……76
伏見・淀……92
宇治・南山城……108
参考文献一覧

## コラム

1 地震をどうはかる?　22／2 天明の大火における松平信道の活躍　39／3 三条柳馬場で地震を体験した武士の話　49／4 桂離宮の水害対策　57／5 デジタルアーカイブの利用　67／6 地震のおかげで土地を手に入れた公家の話　90／7 活断層の調査　91／8 大正6年水害にみる淀川改良工事の効果と影響　105／9 地震と液状化現象　121

## 本書の使い方と凡例

- 京都を襲った災害について、次のような地点を紹介しています。
  - ・災害の爪痕や、過去の災害に対する人々の思いを感じることのできる地点
  - ・痕跡はなくとも、史料や記録によって災害の記録を残している場所
  - ・その他災害・防災についての理解を深められる場所
  - ・防災や歴史学習に役立つ施設など
- 9つのエリアに分け、エリア冒頭の地図上に各地点を示していますので、自由に組み合わせて、まち歩きを楽しんで下さい。
- 紹介する地点は、災害の種類によって「地震」「風水害」「火災」「その他災害」に分けています。さらに、防災や歴史学習に役立つ施設や機関を「防災・学習」として分類しました。
- 近世以降の京都を襲った10件の大きな災害については、本文中に**太字**で示し、巻頭に災害の概要を紹介しました。
- 史資料のうち、Webで閲覧できるものは、本文中に**太字**で示し、巻末の参考文献一覧にそのURLを示しました。
- 関連項目や関連するコラムがある場合は、項目末に↓で示しました。
- 本文執筆に際しての参考文献がある場合、項目末に示し、巻末の参考文献一覧に書誌情報をまとめました。
- 年月日については、その当時通用していた暦の年月日を表記しています。明治5年以前は旧暦、それ以降は現行の新暦の年月日となります。旧暦の年月日は、新暦よりも概ね1〜1・5か月程度遅くなります。

# 近世以降京都を襲った主な災害の概要

## 1596年 慶長伏見地震

＊本文では「慶長伏見地震」と表記

文禄《ぶんろく》5年（1596）閏《うるう》7月13日に発生した大地震。マグニチュードは7・5と推定されている。地震調査研究推進本部の長期評価は、有馬《ありま》‐高槻《たかつき》断層帯の最新活動がこの地震であるとしている。伏見《ふしみ》城の被害が目立つことから、伏見地震と呼ばれるが、畿内《きない》地震とも表現できるような被害分布で、大阪、堺、奈良、神戸《こうべ》など、京都より西側の地域での被害も目立つ。四国でも被害の記録があり、さらに広い範囲で強い揺れが発生したと考える研究者もいる。この時期に発生したと考えられる液状化現象の痕跡が各地の遺跡で見つかっており、「地震考古学」の重要性が認識された地震のひとつでもある。歌舞伎《かぶき》や落語の題材ともなり、また、自然科学、歴史学など分野を問わず引き合いに出される地震である。閏7月15日には空から毛あるいは土器の粉のようなものが降ったという記録がある。これは、火山の噴出物に由来するものであると考えられている。

㊫地震調査研究推進本部地震調査委員会『有馬‐高槻断層帯の評価』

## 1662年 寛文近江・若狭地震

＊本文では「寛文の地震」と表記

寛文《かんぶん》2年（1662）5月1日に発生したマグニチュード7・6程度と考えられる内陸地震。9〜11時頃に若狭《わかさ》湾沿岸の日向《ひるが》断層が活動し、11〜13時頃に琵琶湖《びわこ》西岸の花折《はなおり》断層北部が活動するという、2つの地震が連続した双子地震と考えられている。滋賀県では琵琶湖湖岸や内湖《ないこ》を埋め立てたような地盤が軟弱な場所で大きな被害が発生したほか、福井県の三方《みかた》地方では地盤の隆起や沈降などの地殻変動が発生した。安曇《あど》川上流の朽木《くつき》谷で大規模な土砂崩れ（町居《まちい》崩れ）が発生し、崩壊土砂の直撃によって約560人が犠牲となった。京都の被害はそれらに比べれば軽かったものの、市中の橋や神社仏閣に被害が発生した。

『かなめ石』より祇園の様子（国立国会図書館蔵／NDLデジタルコレクション）

㊫中央防災会議『1662寛文近江・若狭地震報告書』

## 1788年 天明京都大火

＊本文では「天明の大火」と表記

天明《てんめい》8年（1788）正月晦日《みそか》の朝5時頃に鴨川の東の団栗辻子《どんぐりのづし》から出火し、およそ2日間にわたって燃え続け、京都市街地のほぼ全域が焼失した大火。京都三大大火と称される宝永《ほうえい》、元治《げんじ》の中でも最大級の被害であった。鴨川を越えた火は強風に煽《あお》られて急速に延焼を拡大させ、刻々と風向きが変化して焼失範囲が拡大した。被害は、焼失家数36、797軒、竈《かまど》（世帯）数65、340軒、寺院201か所、神社37か所、武家屋敷67か所、死者150（一説には1、800余）人とされている。おおまかな焼失範囲は、東が鴨川、西が千本《せんぼん》通、南が六条通、北が鞍馬口《くらまぐち》通の範囲で、鴨川の東に関しては鴨川沿いの四条通以南から五条通辺までと、二条新地から三条通以北の一帯であった。

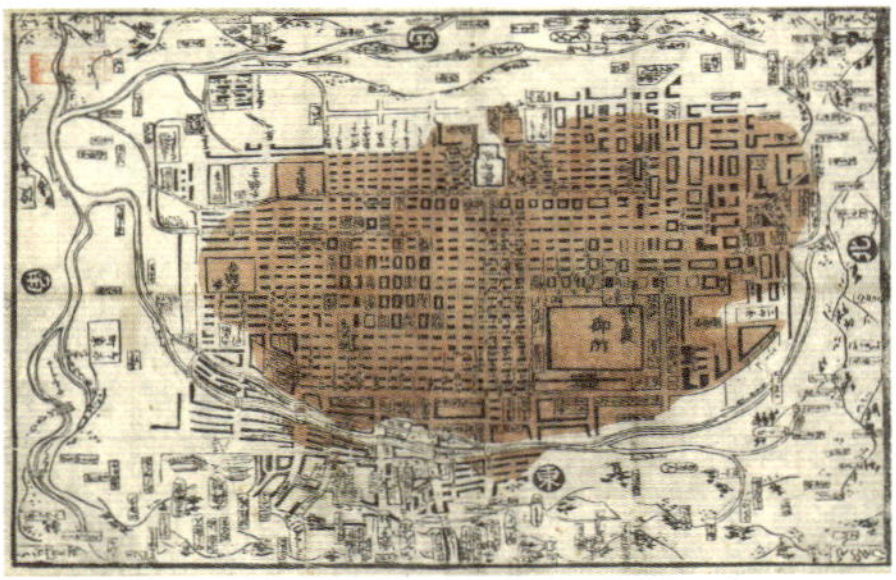

「京都洛中洛外大絵図」（京都市歴史資料館蔵）

## 1830年 文政京都地震

＊本文では「文政の地震」と表記

文政《ぶんせい》13年（1830）7月2日の15〜17時に発生したマグニチュード6・5程度と考えられる内陸地震。京都市中では一部で家屋がまとまって倒壊したり、多くの土蔵に被害が発生した。亀岡《かめおか》では亀山《かめやま》城や城下町が広がる段丘上では被害が少なかったが、柏原《かせばら》などのそれより一段低い地域で家屋の倒壊が集中して発生している。被害程度や地鳴りなどから、愛宕《あたご》山付近が震央と考えられる。余震が長く続いたことなどもあり、この地震を契機として文政13年12月10日に天保《てんぽう》に改元されている。『山《やま》科言成卿記《しなときなるきょうき》』（宮内庁書陵部蔵）によると他の元号案として、「寛安」、「嘉延」、「安延」があったことがわかる。

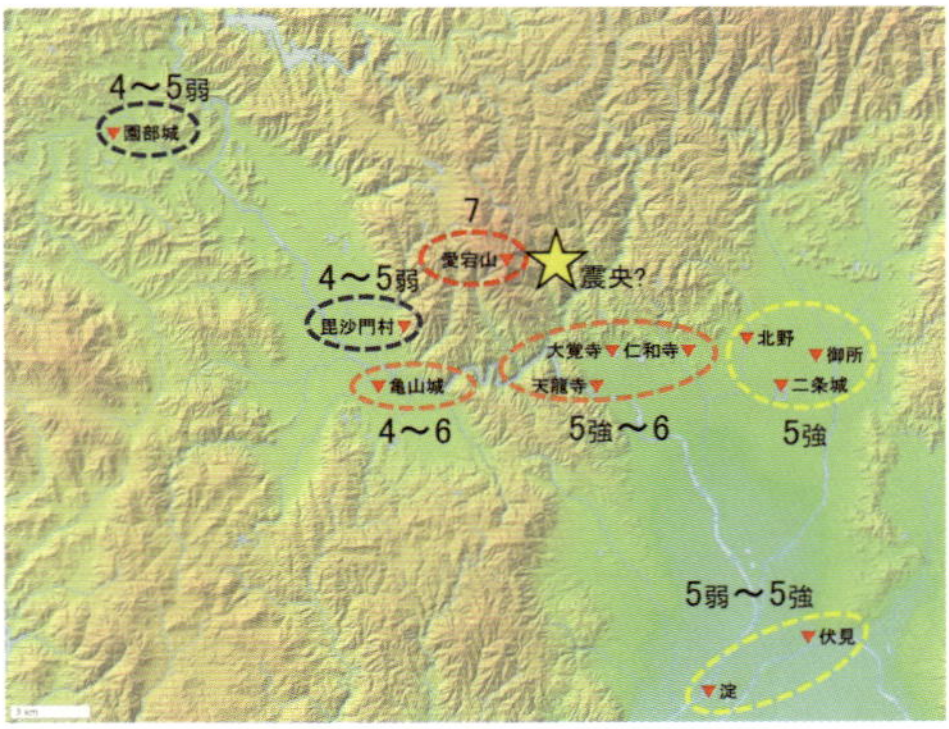


文政京都地震の震度分布（大邑潤三作図）

## 1854年
# 伊賀上野地震
＊本文では「**伊賀上野地震**」と表記

安政《あんせい》元年（1854）6月15日に発生した中部から近畿の広い範囲で強い揺れを感じた地震。この地震では、伊賀上《いがうえ》野《の》（現在の三重県伊賀市）で大きな被害があったことがよく知られており、伊賀上野地震と通称されている。被害分布から、三重県、奈良県、京都府、滋賀県、岐阜県、大阪府のそれぞれ一部の地点で、最大震度6以上の揺れであったと推定されており、マグニチュード7程度と考えられているが、被害の時空間分布から、連続して複数の大きな地震が発生したとの指摘もある。本地震では各地で地盤の液状化やそれによる被害がみられた。建物等の被害からも震度5以上の揺れが生じた地域が広範囲に分布していたと推定され、地盤の軟弱な場所では液状化が発生したものと考えられる。

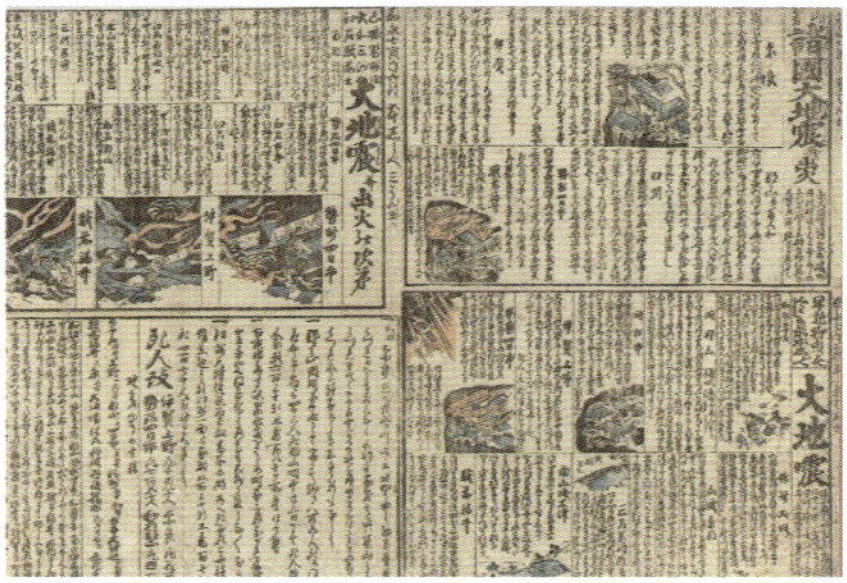

「聞書　諸国大地震幷出火・早飛脚廻りにてくわしき所本しらべ」（東京大学地震研究所蔵）

## 1864年
# 元治の大火
＊本文では「**元治の大火**」と表記

元治《げんじ》元年（1869）7月19日の早朝に発生した、長州《ちょうしゅう》軍と会津《あいづ》・薩摩《さつま》軍の衝突によって発生した兵火で、どんどん焼け、鉄砲焼け、京焼けともいう（戦闘については禁門の変、蛤《はまぐり》御門《ごもん》の変とも称される）。河原町二条の長州藩邸や、堺町《さかいまち》御門付近の鷹司《たかつかさ》邸のほか、多数から出火したようで放火との説もある。戦闘はほぼ1日で終わったが強い北風の影響もあっておよそ3日間燃え続け、北は下長者《しもちょうじゃ》通付近、南は御土居《おどい》の薮際、東は寺町《てらまち》、西は東堀《ほり》川《かわ》の範囲が焼失した。竈《かまど》（世帯）数27,517軒、土蔵1,316か所、寺社253か所が焼失したともいい、天明の大火に次ぐ被害であった。

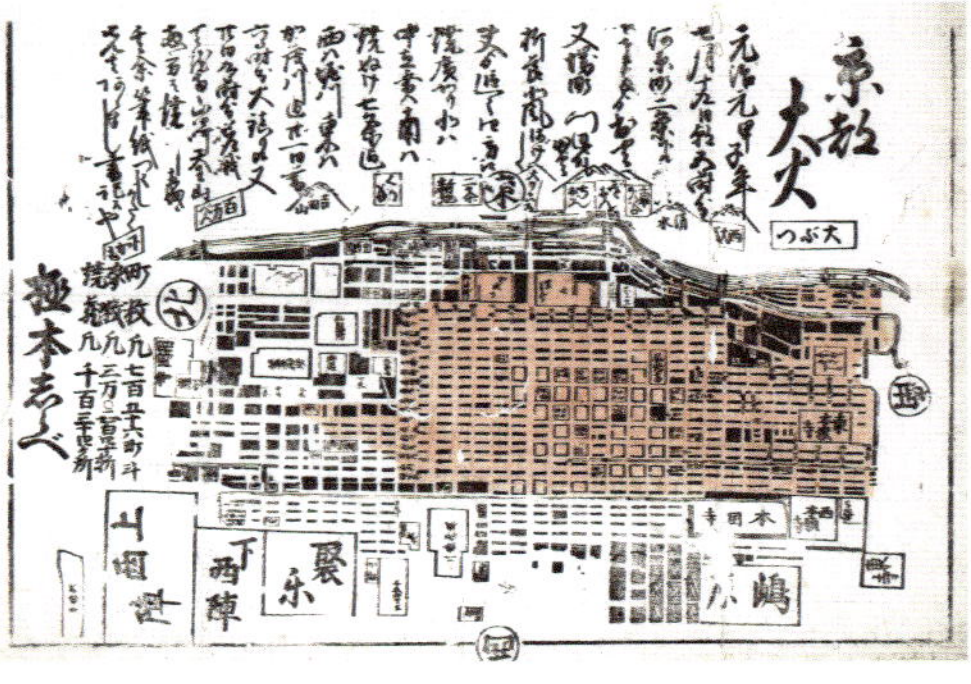

「京都大火極本しらべ」（京都市歴史資料館蔵）

## 1885年
# 明治18年の水害

*本文では「明治の水害」と表記

明治18年（1885）6月17日から7月2日にかけて発生した水害。2度の風雨により淀《よど》川水系の各河川が決壊氾濫《はんらん》し、京都府南部のほか大阪平野の広い範囲が浸水して甚大な被害をもたらした。この年は春から天候不順で6月上旬から長雨が続き、6月15日と17日には低気圧が接近して淀川流域の広い範囲に降雨が連続した。17日は暴風も伴い、淀川および各支川は増水して各地で堤防が決壊し、大阪府枚方《ひらかた》市の伊加賀《いかが》では大規模な堤防決壊（伊加賀切れ）が発生して下流が浸水した。復旧も終わらない6月25日から再び雨が降り出し、7月1日には暴風雨となって京都府南部では木津《きづ》川、宇治《うじ》川、桂川の各堤防が次々に決壊した。

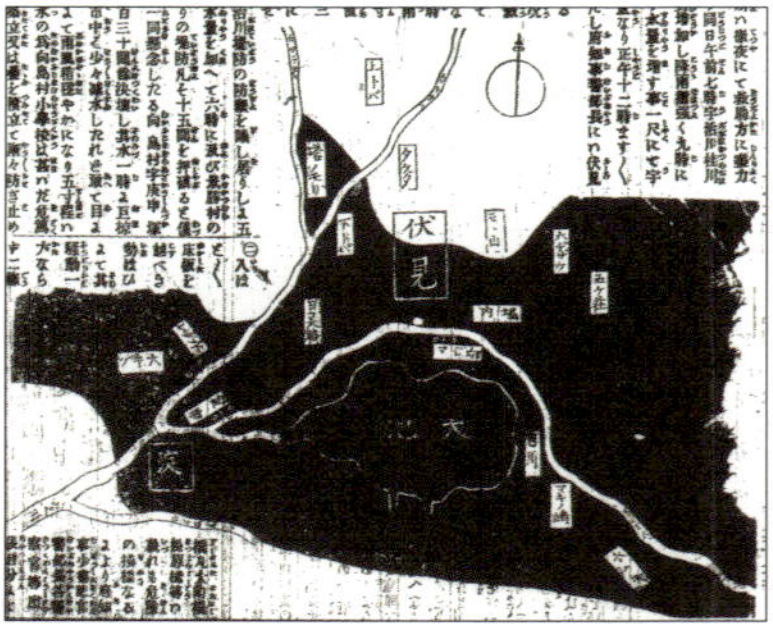
1885年7月3日『日出新聞』に掲載された浸水範囲

参 淀川・木津川水防事務組合事務局『水防50年史』

## 1934年
# 室戸台風（第一室戸台風）

*本文では「室戸台風」と表記

昭和9年（1934）9月21日午前5時頃に高知県の室戸《むろと》岬付近に上陸し、近畿地方に甚大な被害を発生させた台風。最低気圧約912ヘクトパスカルという観測史上稀にみる値を記録した。大阪湾では甚大な高潮《たかしお》被害が発生したほか、各地で学校校舎が倒壊し、登校中や登校後の児童・生徒が犠牲となった。京都市内ではおよそ8時～9時の間に通過したと思われ、この間に強風が吹き荒れた。学校などの公共建物のほか寺社および周辺の風致林などの被害が多く、京都市内の死者は185人、負傷者849人となっている。家屋の被災率は市の西部や南部が多かったものの、寺社の被害は市の南東部に多く、一般的にいわれるように、台風の進路に対して右側の風力が左側よりも大きかったためと考えられる。

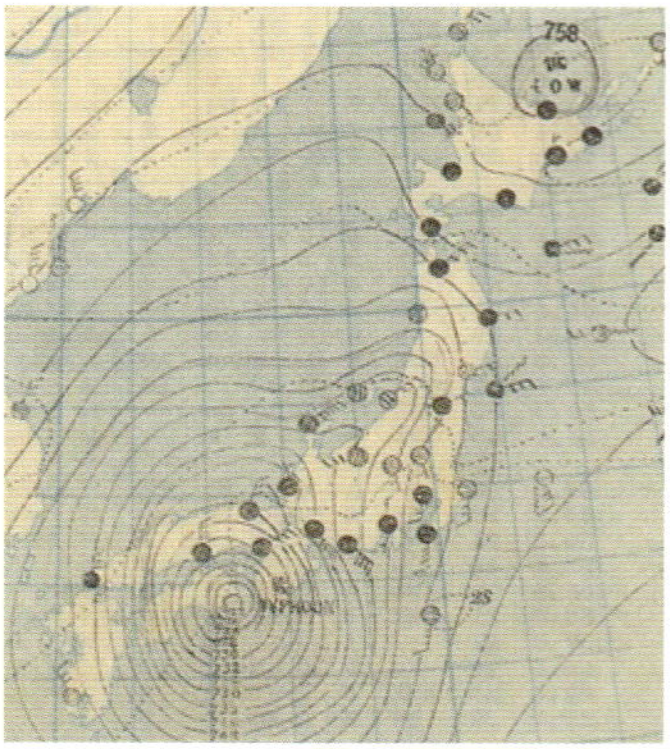
気象庁による1934年9月21日6時の天気図（国立情報学研究所「デジタル台風」）

## 1935年
# 京都大水害
＊本文では「昭和の水害」と表記

昭和10年（1935）6月28日から29日にかけて発生した集中豪雨によって発生した水害で、鴨川大洪水ともいわれる。28日10時から29日10時までの24時間雨量は269・9㎜で、京都府測候所《そっこうしょ》の観測史上最高値を更新した。梅雨《ばいう》前線と寒暖気流による局地的な降雨が原因と思われる。丹波高地《たんばこうち》南部への降雨量が多く、ここから京都盆地に流れ込む河川が一気に増水した。高野《たかの》川、賀茂《かも》川、鴨川、天神《てんじん》川、御室《おむろ》川、有栖《ありす》川、清滝《きよたき》川、桂川などでは至る所で氾濫《はんらん》し被害を発生させた。前年の室戸《むろと》台風による山林の荒廃が被害を拡大させる要因となったと考えられる。京都市内では死者12名、全半壊や流失家屋は482戸以上であった。この水害を機に鴨川が改修され、河《か》床《しょう》の掘り下げなどがおこなわれた。

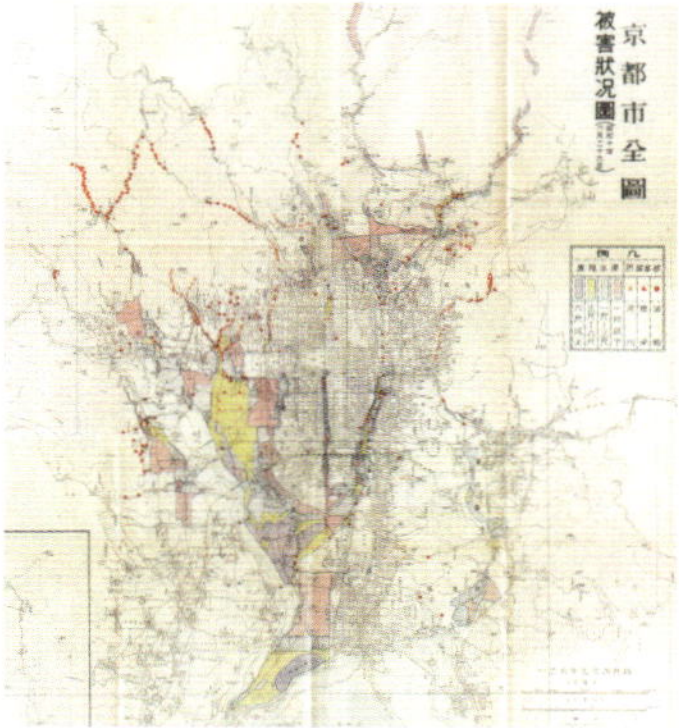

京都市による「被害状況図」（出典：京都市土木局『水禍と京都』1936年）

## 1953年
# 南山城水害
＊本文では「南山城水害」と表記

昭和28年（1953）8月14日から15日にかけて寒冷前線の停滞によって集中豪雨となり、溜池《ためいけ》や天井川が決壊して大きな被害が発生した水害。14日21時から15日6時頃までの約7時間で400㎜を超す雨量であったと推定される。この豪雨は極めて限られた範囲であったため、近隣の気象測候所《そっこうしょ》でも予想できず、当時の京都市内では遠雷が聞こえたけれども星空が見えたという。決壊した溜池下流の玉《たま》川や、不動川が決壊して多くの犠牲者を出したほか、木津《きづ》川本流に架かる玉水《たまみず》橋も流失した。全体の死者・行方不明者は336人、住宅の全壊・流失は752戸であった。

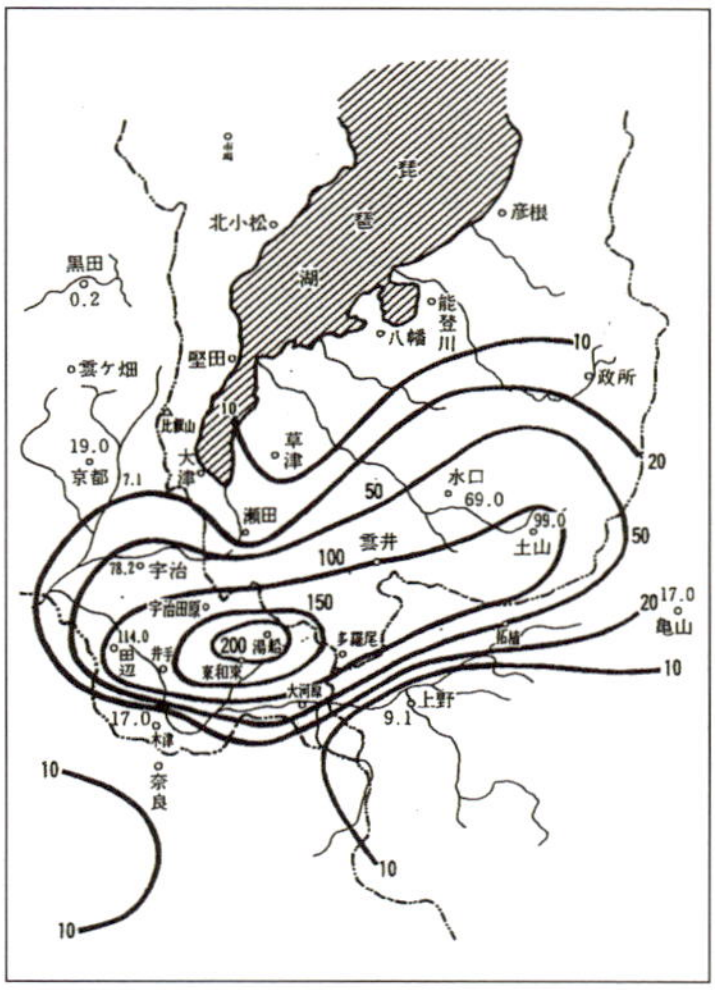

1953年8月15日0時～3時の降水量
（出典：井手町史編集委員会編『南山城水害誌』）

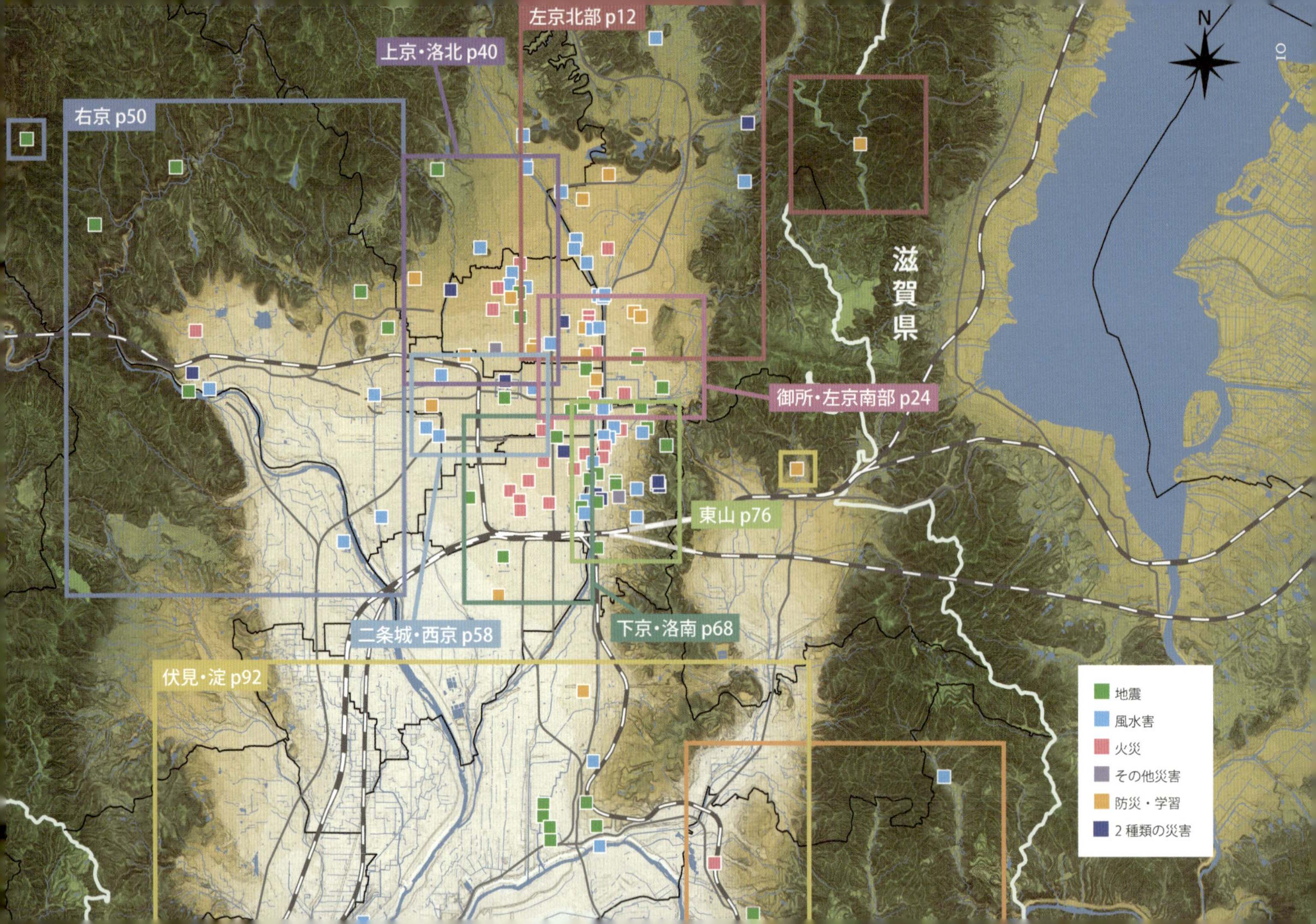

左京北部 p12
上京・洛北 p40
右京 p50
御所・左京南部 p24
東山 p76
下京・洛南 p68
二条城・西京 p58
伏見・淀 p92
滋賀県
N
地震
風水害
火災
その他災害
防災・学習
2 種類の災害

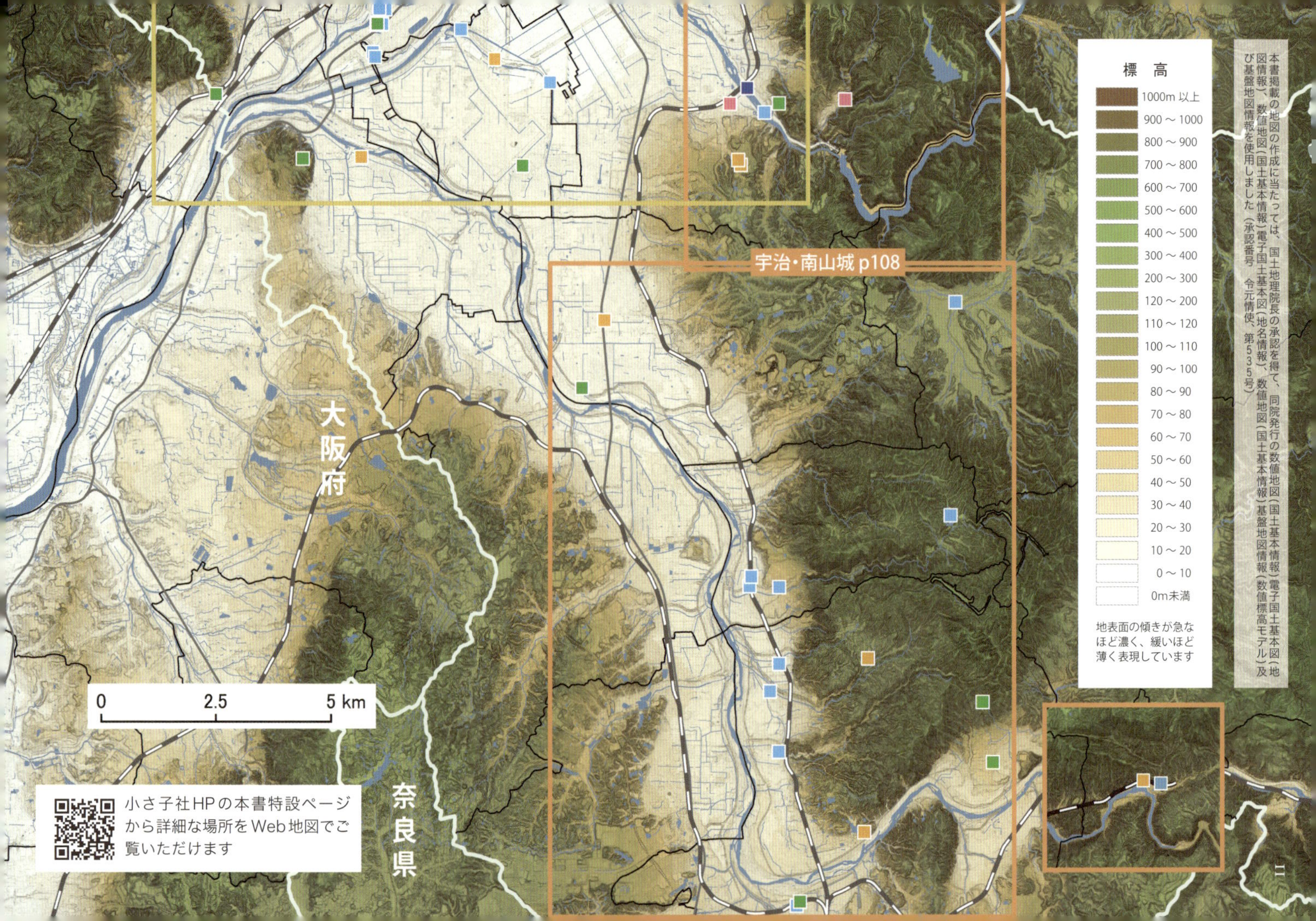
大阪府
奈良県
宇治・南山城 p108
0 2.5 5 km
小さ子社HPの本書特設ページから詳細な場所をWeb地図でご覧いただけます
標高
1000m 以上
900 ~ 1000
800 ~ 900
700 ~ 800
600 ~ 700
500 ~ 600
400 ~ 500
300 ~ 400
200 ~ 300
120 ~ 200
110 ~ 120
100 ~ 110
90 ~ 100
80 ~ 90
70 ~ 80
60 ~ 70
50 ~ 60
40 ~ 50
30 ~ 40
20 ~ 30
10 ~ 20
0 ~ 10
0m未満
地表面の傾きが急なほど濃く、緩いほど薄く表現しています
本書掲載の地図の作成に当たっては、国土地理院長の承認を得て、同院発行の数値地図(国土基本情報)電子国土基本図(地図情報)、数値地図(国土基本情報)電子国土基本図(地名情報)、数値地図(国土基本情報)基盤地図情報(数値標高モデル)及び基盤地図情報を使用しました(承認番号 令元情使、第535号)

左京北部
Web地図へ
1 K-NET 広河原観測点
大堰川
鞍馬街道
至 鞍馬
至 鞍馬広河原
2 鞍馬寺
多宝塔
山門
鞍馬
鞍馬川
鞍馬街道
叡山電鉄鞍馬線
二軒茶屋
京都精華大前
木野
岩倉
八幡前
4 旧岩倉村
岩倉中通
岩倉川
宝ケ池通
国際会館
宝が池
深泥池
地下鉄烏丸線
宝ケ池
三宅八幡
八瀬比叡山口
御蔭神社 6
8 上賀茂神社（賀茂別雷神社）
9 水害記念碑
10 上賀茂橋上流右岸堤防
5 宝が池の電子基準点
N

上京・洛北 p40
11 半木神社（流木神社）
12 京都府立京都学・歴彩館
左京区役所
北泉通
京都府立植物園
京都府立大学
北大路
北大路通
367
加茂街道
北区役所
賀茂川堤防 13
14
加茂街道の松並木
15 落差工
16 下鴨神社（賀茂御祖神社）
下鴨本通
鞍馬口
水火天満宮
相国寺
川端通
51 昭和十年水害浸水被害記念碑
北舟橋町
上京区役所
今出川
出町柳の柳 17
19 河合橋
出町柳
18
鴨川公園
京阪鴨東線
元田中
茶山
一乗寺
叡山電鉄叡山本線
修学院
音羽川
音羽川砂防学習ゾーン 7
曼殊院門跡
白川通
東大路通
御蔭通
京大グラウンド
今出川通
20 京都大学総合博物館
21 京都大学時計台（百周年時計台記念館）
吉田山
東一条通
慈照寺（銀閣寺）
22 本禅寺
23 清浄華院 供養塔
28 京都御所
梨木神社 染井の井戸 24
25
26 寛文新堤
史跡御土居（廬山寺）
一条戻橋
京都府庁
都府庁 57
56 出水通
御所・左京南部 p24
歩いて約20分
時速３kmとして
0
500
1000 m

防災・学習

## 1 K-NET広河原観測点

国立研究開発法人防災科学技術研究所（防災科研）が運用するK-NET（Kyoshin Net：全国強震観測網）。京都府内には15か所にK-NETの強震計が設置されています。そのうちのひとつが京都市左京区広河原《ひろがわら》にある広河原観測点（写真左側の装置）。震度情報では「京都左京区広河原能見町《のうみちょう》」と表示されます。京都市域でいちばん北にある震度観測点になります。

↓【コラム1】地震をどうはかる？　22頁

地震

## 2 鞍馬寺

**寛文《かんぶん》の地震**（1662）では、安曇川《あどがわ》上流の朽木《くつき》谷で大規模な土砂崩れが発生し、崩壊土砂の直撃によって約560人が犠牲となりました（町居《まちい》崩れ）が、鞍《くら》馬《ま》の谷でも土砂崩れがあったようです。『元延実録《がんえんじつろく》』には、愛宕《あたご》山の被害に続いて、「次に鞍馬大《おおい》に破損、両方谷合《あい》崩れ、往還留申候《おうかんとめもうしそうろう》」となっていて、街道が通行できなくなったことがわかります。

その他災害

## 3 北山と黄砂

『月堂見聞集《げつどうけんもんしゅう》』に、正徳《しょうとく》4年（1714）の「同月（四月）上旬、大和金剛山の辺土降申候由《あたりつちふりもうしそうろうよし》にて、木葉抔《このはなど》に土たまり有之候由《これありそうろうよし》、京都にても三月頃より日月の色殊外《ことのほか》赤く、北山霞《きたやまかす》み見えざる事一月《ひとつき》余、北山に土降り候由申候《もうしそうろう》へ共《ども》、其後晴渡《そのあとはれわた》り別条《べつじょう》無事に候」という記述があります。木の葉に土がたまったり、太陽が赤く見えたり、北山が霞んで見えなくなったりということで、この期間に黄砂《こうさ》が発生し、大気中に塵《ちり》（ダスト）が

漂い、視程《してい》が低下していたと考えることができます。歴史史料には、異物が降ったり、黄砂や火山の噴火などによって大気が混濁していたと思われる記録が多数あり、これらも過去に発生した自然現象や環境を復元するためのヒントになりえます。

『月堂見聞集』は、本島知辰《もとじまちしん》が著したもので、元禄《げんろく》10年（1697）から享保《きょうほ》19年（1734）の約38年間にわたり、政治経済や天変地異《てんぺんちい》について、江戸・京都・大坂を主として諸国の伝聞やうわさ話を記し、当時の出来事を知ることができます。『近世風俗見聞集』に活字で収められています。

風水害

## 4 旧岩倉村

**明治の水害**（1885）で、旧岩倉《いわくら》村にあった溜池《ためいけ》が決壊したと、同年7月3日『日出《ひので》新聞』が記しています。この溜池は明治17年に新設した70m四方ほどの用水溜池で、村民の防御の甲斐《かい》なく40mほどの堤防が決壊して家屋は床上浸水し、田畑も浸かったとのことです。

防災・学習

## 5 宝が池の電子基準点

この街灯のようにも見える柱は何でしょうか？ こたえは電子基準点。国土地理院が全国約1300か所に設置しているGEONET（GNSS連続観測システム）の電子基準点のひとつです。京都市周辺にはほかに京都教育大学などにあります。

GNSS（Global Navigation Satellite System／全球測位衛星システム）は、カーナビや携帯電話などでも自分の位置（測位情報）を知るために利用されています。以前はGPSと呼ばれていましたので、そのほうが馴染《なじ》みがあるかもしれません。名前はともかく、普段から（知らないうちに）測位情報のお世話になっていることも多いかと思います。

GEONETでは、24時間連続してGNSS衛星からの電波を観測し、位置を決定するためのデータを蓄積、解析、提供しています。地震や火山によって地面が変形すると、電子基準点の移動として観測されます。GNSSのほかにも、宇宙からの電波を利用したVLBIや、人工衛星から地球表面の地殻変動を計測する干渉SAR《サー》など、宇宙からの測地がおこなわれ、研究が進められています。

↓【コラム1】地震をどうはかる？　22頁

㊟国土地理院HP「GEONET GNSS連続観測システム」

風水害　地震

## 6 御蔭神社

御蔭《みかげ》神社が宝暦《ほうれき》8年（1758）の豪雨や**文政《ぶんせい》の地震**（1830）後に土砂災害にあったとする絵図が下鴨《しもがも》神社に所蔵されています。宝暦の被害は台風による大雨で、高野《たかの》川と谷川が氾濫《はんらん》して境内が埋没し、社殿の一部が流失しました。この水害のあと社殿などは元の位置に建て直されました。この72年後の文政の地震では比叡山《ひえいざん》の西峰で山崩れがあり、谷川と御生《みあれ》川が埋没し、その土砂が谷筋を駆け下って境内や社殿が埋没したといいます。当時の社殿の場所は諸説あり不明ですが、この被害のあと御蔭神社は現在の場所に再建されたといいます。

㊟諏訪浩「京都東山の土砂災害」

風水害

## 7 音羽川砂防学習ゾーン

音羽《おとわ》川は比叡《ひえい》山の中腹を源流とし、高《たか》野《の》川に合流する河川です。明治期から砂《さ》防《ぼう》事業がおこなわれてきましたが、たびたび災害が発生しています。昭和47年（1972）9月16日の台風20号によって上流の「かまくら」と呼ばれる地点で大きな崩壊が発生し、土石流《どせきりゅう》が修学院《しゅうがくいん》地区を襲いました。これにより死者1名、全半壊家屋7戸の被害が出ています。**昭和の水害**（1935）でも同様の被害が発生していたそうです。その後、砂防ダムなどのさまざまな施設がつくられ、一帯は砂防学習ゾーンとしても整備されています。

㊟京都土木事務所HP「音羽川」、諏訪浩「京都東山の土砂災害」

風水害

## 8 上賀茂神社（賀茂別雷神社）

上賀茂《かみがも》神社（賀茂別雷《かもわけいかづち》神社）の北に蟻《あり》ヶ池（現在はゴルフ場の敷地内）という池があり、神社の小川の源流となっています。明治18年（1885）7月8日の『日出《ひので》新聞』によれば、**明治の水害**（1885）のとき、この池から水が溢《あふ》れて神社境内の芝生が一面の水となり、社殿が浸水しそうになりました。このとき、当直の神官がいち早く近隣住民を指揮して上賀茂村内に排水させ、社殿は難を逃れました。ところが、村内の家では床上浸水となったため村民は社務所に押しかけたそうです。しかし日頃村民の信用のあった神官の説得により、村民は納得し、自分の家を顧みず社殿を守ったといいます。

## 風水害 9 水害紀念碑

**昭和の水害**（1935）の碑と思われますが、建立の経緯など詳細は不明です。表面には「昭和十一年六月 廿《にじゅう》九日建之／水害紀念」、側面には「河原町公同組合」とあり、水害の1年後を記念して建てられたものと思われます。

## 風水害 10 上賀茂橋上流右岸堤防

京都市土木局『水禍と京都』より

**昭和の水害**（1935）では上賀茂《かみがも》橋の上流約200mの右岸《うがん》堤防が被害をうけました。当時の写真には木を切って川に吊《つ》るし、堤防が崩れるのを防ぐ木流し工の様子が写っています。上流の御園《みその》橋や、その下流の右岸堤防にも被害が出ています。

参 谷端郷「ストーリーマップ　昭和10年京都市大水害」

## 風水害 11 半木神社（流木神社）

現在は府立植物園の中にある半木《なからぎ》神社は、もとは流木《ながれぎ》神社といわれ賀茂《かも》川の流

木が流れついたことからこの名がついたといわれています。現在は上賀茂《かみがも》神社の所管となっています。ちなみに京都府立大学の学園祭はこの神社の名前をとり、流木祭《ながれぎさい》と名付けられています。

防災・学習

## 12 京都府立京都学・歴彩館

京都に関係する資料を収集、保存、公開している京都府立京都学・歴彩館《れきさいかん》。京都府立総合資料館が2017年4月にリニューアルされました。「**東寺百合文書**《とうじひゃくごうもんじょ》」や「陽明文庫《ようめいぶんこ》」のデジタル資料もここで閲覧することができます。

図書・雑誌、貴重書、古文書《こもんじょ》、行政文書などについて、検索や閲覧、複写ができます（ただし条例や規程にしたがう必要があります）。また、資料に関する相談にも乗ってもらえます。この本の執筆にあたっても、多くの資料を調べに行きました。皆さんも歴彩館で京都の歴史を調べてみてはいかがでしょうか。

→93 東寺百合文書、【コラム5】デジタルアーカイブの利用 67頁

風水害

## 13 賀茂川堤防

賀茂《かも》川左岸《さがん》堤防は右岸《うがん》堤防に比べて1mほど低いといわれます（河川では上流側から下流側をみたときの左右で左岸・右岸といいます）。賀茂川付近の等高線を作成すると右岸側の等高線が左岸側に比べて下流側に長く伸びていることがわかります（北大路橋付近はその差は少ないようです）。場所によって異なりますが、たとえば北大路橋と出雲《いずも》路橋の中間地点でみてみると、右岸堤防と同じ高さの左岸堤防の地点は約170m上流に向かわないとありません。

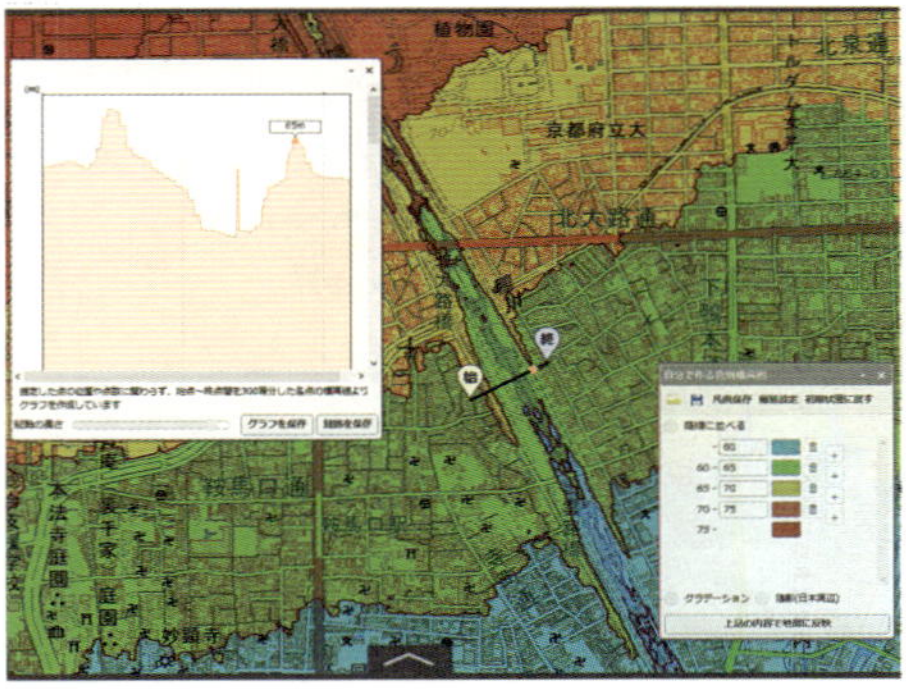


さらに地理院地図などで断面図をつくってみると、この傾向がよくわかります。地理院地図とは、地形図・写真・標高・地形分類・災害情報など、国土地理院が整備するさまざまな地理空間情報を、自由に閲覧・加工することができるWeb地図です。この地点の右岸堤防は標高66・6mなのに対し、左岸堤防は65mとなっており、1・6m低くなってい

ます。このあたりの左岸堤防から右岸堤防を見ると、確かに右岸側が少し高いように見えます。誰でも作れるのでぜひ他の地点でも試してみてください。

古くから左岸側が低かったといわれていますがなぜでしょうか？　賀茂川右岸には御所をはじめとした京都の古くからの市街地が広がっています。一方左岸側は現代では住宅街が広がっていますが、かつてはほぼ田畑でした。洪水から市街を守るためわざと左岸側を低くし、左岸一帯に遊水地の役割を担わせている（差別的治水策）といわれています。

## 風水害 14 加茂街道の松並木

加茂《かも》街道の松並木は宝永《ほうえい》～安永《あんえい》年間（1711～1781）に植樹されたそうですが、**室戸《むろと》台風**（1934）により31本が根本から倒れました。

参 京都市編『京都市風害誌』

京都市編『京都市風害志』より

## 風水害 15 落差工

鴨川沿いを歩いていると、小さな滝のような構造物がいくつもあることに気が付きます。鷺《さぎ》などがここで小魚を狙《ねら》っている姿は風情ある鴨川の景観の一部です。この段差のようなものは落差工といって床《とこ》止めとか床固《とこがた》めといわれ、落差のあるものを落差工といいます。河床《かしょう》（河の底）が削られるのを防ぎ、勾配《こうばい》を安定させる機能があります。落差工を階段状に複数設けることで平らな河床がいくつもでき、結果として河床の勾配が緩やかになって水流も穏やかになります。こうした設備は**昭和の水害**（1935）後の鴨川改修で設けられましたが、近年は魚類の遡《そ》上《じょう》を阻んでいるとの指摘もあり、一部に魚道が設けられるなどの動きが見られます。

参 中川光ほか「京都府鴨川下流域におけるアユ（Plecoglossus altivelis altivelis）の生息場所利用と成育状況」

## 火災 16 下鴨神社（賀茂御祖神社）

下鴨《しもがも》神社（賀茂御祖《かものみおや》神社）の拝殿は火災などがあった場合の天皇の避難場所でした。**天明《てんめい》の大火**（1788）の際も、光格《こうかく》天皇は下鴨神社に避難しました。深

夜2時頃に御所を出発した天皇は輿《こし》に乗って石薬師《いしやくし》御門《ごもん》を通って寺町《てらまち》通を北進し、今出川《いまでがわ》通に出て出町《でまち》を東に進み、葵《あおい》橋付近で賀茂《かも》川を渡って下鴨神社に至ったようです。

↓38 聖護院門跡

参 大邑潤三ほか「京都天明大火における大名火消の実態」

風水害

## 17 出町柳の柳

かつて出町《でまち》橋西詰にあった樹齢60～70年、高さ15mほどの柳は**室戸《むろと》台風**（1934）により折れ伐採されました。当時はこの木の下に牛馬用の水桶が設置され、この柳を出町柳と呼んでいたようです。現在鯖街道《さばかいどう》口の石碑の傍に柳が植えられていますが、この柳も平成30年（2018）の台風21号により幹の半分が折れ、公衆トイレに倒れかかりました。現在は折れた幹が切られ、半分だけの姿で立ち続けています。

京都市編『京都市風害誌』より

参 京都市編『京都市風害誌』

風水害

## 18 鴨川公園

鴨川公園は鴨川の河川敷に整備された広域公園です。鴨川は**昭和の水害**（1935）後に鴨川改修工事によって河床《かしょう》（河の底）が1mほど掘り下げられ、現在のように低水路と高水敷《こうすいじき》（一段高く歩道が設けられている部分）に分けられ河道《かどう》が整備されました。改修前の鴨川の河床

の高さは、ほぼ現在の高水敷の位置であったといわれています。平常時には低水路にのみ水が流れ、高水敷は憩いの場として公園やグラウンドとして利用されていますが、洪水時には水が溢《あふ》れ高水敷は冠水します。昭和11年（1936）4月に挙行された鴨川改修起工式はこの合流点でおこなわれました。

参 植村善博『京都の治水と昭和大水害』

## 風水害 19 河合橋

**昭和の水害**（1935）では高野《たかの》川に架かる河合橋《かわい》も6月29日午前8時頃に流失しました。河合橋は全長60ｍの鉄筋コンクリート製の橋でしたが、水勢がいかに激しかったかが想像されます。災害応急橋梁《きょうりょう》工事が同年7月31日に着手されて壊れた橋が取り除かれ、その後昭和13年（1938）に洪水復興事業により架け替えられました。河合橋は戦争による資材不足のなか復興事業により架け替えられた数少ない橋のひとつです。

参 京都市役所編『京都市水害誌』、松村博『京の橋物語』

## 防災・学習 20 京都大学総合博物館

左京区の京都大学キャンパス内にある総合博物館。「自然史」「文化史」「技術史」の常設展示のほか、企画展や特別展、講演会などが開催されています。所蔵資料は約260万点とのことです。自然史展示室の「地震（地球の鼓動）」コーナーには、花折《はなおり》断層の剥《は》ぎとり標本も展示されています。

↓【コラム7】活断層の調査　91頁

## 防災・学習 21 京都大学時計台（百周年時計台記念館）

京都大学と聞いて真っ先に思いうかべるのは、この時計台とその前のクスノキでしょうか？（時計台より「立て看」かもしれませんね）この時計台の建物、平成15年（2003）12月に耐震改修を終え、会議やシンポジウムに利用されています。耐震改修により、免震構造になっています。また、基礎地面、建物底、時計台塔の3か所に研究用の地震計が設置されています。ここで収録された地震記録は、百周年時計台記念館のWebサイトで見ることができます。

近所の吉田神社のある吉田山は、花折《はなおり》断層によって隆起した山です。また、京都大学のキャンパスの間の今出川《いまでがわ》通で実施されたトレンチ調査により、花折断層の最新活動年代などが調べられています。ほかにも農学部グラウンド周辺など、京都大学周辺には、断層を感じられる場所がたくさんあります。

→20 京都大学総合博物館、【コラム7】活断層の調査 91頁

Column 1

## 地震をどうはかる?

地震をはかる計器を「地震計」といいます。地震だけをはかっているかというとそうでもなく、地面の揺れをはかっているというほうが正確だと思います。雨や風、自動車や電車、工場や工事現場が生みだすさまざまな振動も、地震計は観測しています。海や川に近いところでは、それらの波や流れによる振動も観測します。

地震計にはいくつかの種類があります。体に感じないような小さな地震の観測を主な目的としたもの、大地震による強い揺れを狙うもの、などなど。技術の向上によってオールラウンドに観測できる地震計も開発されています。また、おなじみの震度を計測するための震度計も地震計の一種です。スマホには加速度計が入っており、地震計のように使うことのできるアプリを利用したことがある方もおられるかもしれません。

日本全国に多数の地震計が設置されています。もちろん京都周辺にもあります。本書でもそのうちのいくつかを紹介しました。防災科学技術研究所が運用する「陸海統合地震津波火山観測網」MOWLAS（Monitoring of Waves on Land and Seafloor：モウラス）には、小さな地震向けのHi-net（高感度地震観測網）、強い揺れ向けのK-NET（全国強震観測網）やKiK-net（基盤強震観測網）、F-net（広帯域地

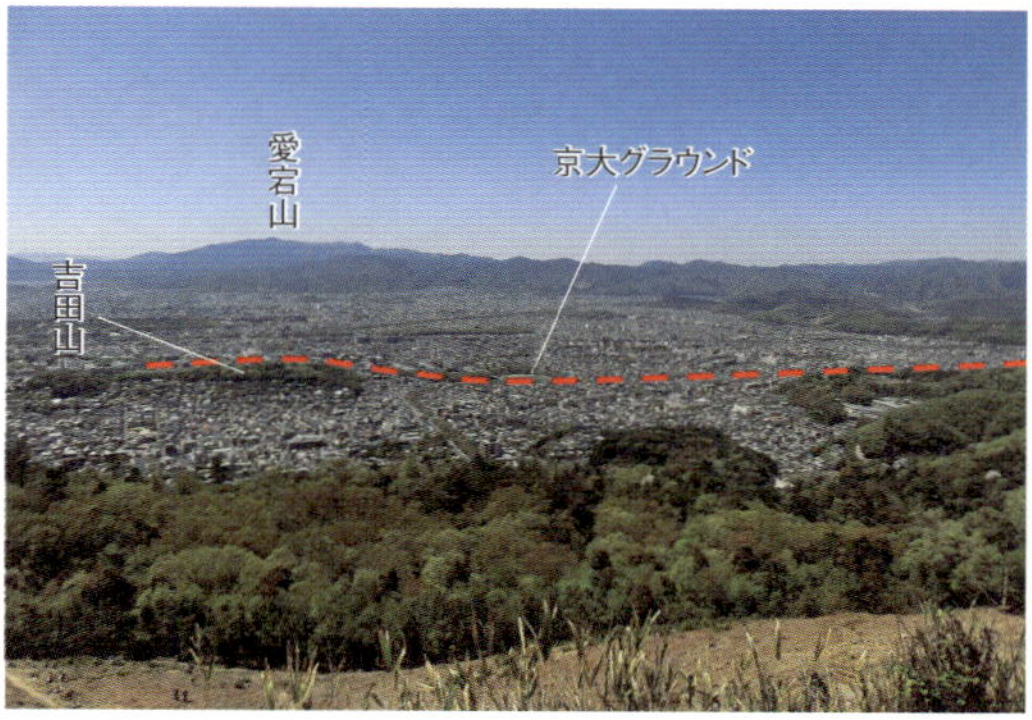

大文字山から西方を望む（赤線は「都市圏活断層図」（地理院地図）をもとにした大まかな花折断層の位置）

京大グラウンド東側の崖

震観測網）などが含まれます。また、京都大学防災研究所をはじめ、複数の大学・研究機関が観測点を設置しています。震度計は気象庁のほか、自治体が設置しているものもあります。地震以外の振動を避けるため、山の奥など人里離れたところに設置されているものもあれば、地震が発生したときに生活圏での揺れを把握するため町中に設置されたものもあります。案外身近な場所にあって驚かれたかもしれません。人知れず、24時間365日、黙々と地面の揺れを観測して、いつどこで、どのような地震が起きたかを監視しています。

地震の際には断層が動いて地面に変形を生じます。このような変形は測地、測量によってはかります。高さをはかる水準測量や、土地の形をはかる三角測量などがあります。最近では、人工衛星を利用したGNSSが活躍しています。本書（5 宝が池の電子基準点）で紹介したGEONETは、日本全国に設置された電子基準点によるGNSSの連続観測です。

これらの観測装置は、地震が発生したときに、それがどのような地震であったかを知るのに役に立ちます。また、緊急地震速報など、災害の軽減に有効な情報を出すためにも使われています。でも、いくら計器による観測が進歩し、地震のことがよく分かるようになっても、いつどこでどのような地震が発生するかを（一般の皆さんが役に立つと思うような正確さで）事前に予想することは、いまの地震学の実力では難しいと言わざるをえません。本書で紹介したように、京都周辺では繰り返し地震の被害が発生しています。急に地震が起きなくなる、ということはないでしょう。将来の地震に対する備えについて、本書の事例も参考にして考えてみてください。

御所・左京南部
Web地図へ
20 京都大学総合博物館
21 京都大学時計台（百周年時計台記念館）
▲吉田山
左京北部　p 12
東大路通
白川
琵琶湖疏水分線
卍 金戒光明寺
白川通
38 聖護院門跡
39 聖護院村
岡崎道
平安神宮
京都府立図書館
京都国立近代美術館
40 法勝寺九重塔の基壇の石（京都市動物園）
41 二条川東の寺町
歩いて約10分
南禅寺
神宮道
時速3㎞として
0　250　500 m
東山
三条通
42 白川橋
地下鉄東西線
蹴上

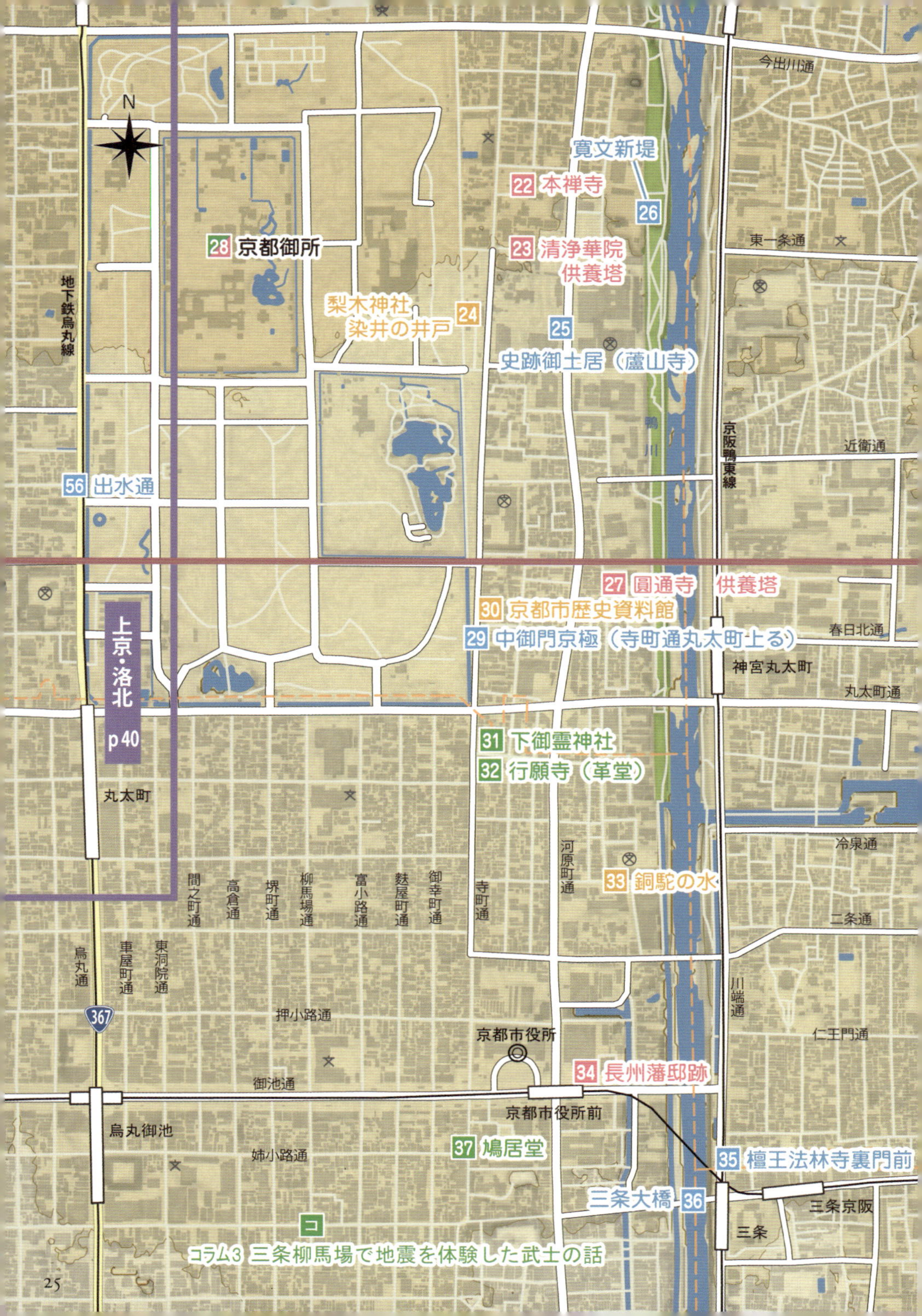

今出川通
寛文新堤
22 本禅寺
26
東一条通
28 京都御所
23 清浄華院
供養塔
梨木神社
染井の井戸 24
25
史跡御土居（廬山寺）
地下鉄烏丸線
鴨川
京阪鴨東線
近衛通
56 出水通
27 圓通寺　供養塔
30 京都市歴史資料館
29 中御門京極（寺町通丸太町上る）
春日北通
上京・洛北
p 40
神宮丸太町
丸太町通
31 下御霊神社
32 行願寺（革堂）
丸太町
冷泉通
河原町通
33 銅駝の水
間之町通
高倉通
堺町通
柳馬場通
富小路通
麩屋町通
御幸町通
寺町通
二条通
烏丸通
車屋町通
東洞院通
川端通
367
押小路通
京都市役所
仁王門通
34 長州藩邸跡
御池通
京都市役所前
烏丸御池
37 鳩居堂
35 檀王法林寺裏門前
姉小路通
三条大橋 36
三条京阪
三条
コ
コラム3 三条柳馬場で地震を体験した武士の話

## 火災 22 本禅寺

本禅寺は法華《ほっけ》宗《しゅう》陣門流の大本山で山《さん》号《ごう》を光了山といいます。宝永《ほうえい》5年（1708）と**天明《てんめい》の大火**（1788）の2度の火災で焼失しており、現在の建物は嘉《か》永《えい》5年（1852）と大正12年（1923）の再建です。宝永2年出版の『京羽《きょうは》二重《ぶたえ》』7巻によれば、釈迦《しゃか》堂の竜宮城釈迦は海から引き上げられた像で、何度災難にあっても無事であったため除災鎮護の仏として信仰されています。本堂は土蔵造りという、建物の木材が露出しないように土や漆喰《しっくい》で塗りかためた耐火性のある構造となっています。幾度も火災に見舞われたためにこうした造りになっているのかもしれません。

## 火災 23 清浄華院　供養塔

浄土宗大本山清浄《しょうじょう》華《け》院《いん》の境内に**天明《てんめい》の大火**（1788）の供養塔が建っています。五輪塔の正面には「焼亡横死百五十人之墓」とありますが、お寺の記録によれば実際に葬られたのは井戸から引き上げられた1名だけだったということです。塔の横には由来を彫った石碑も建っていますが、碑面が摩耗しはじめています。清浄華院では火災後7日間にわたって施餓鬼《せがき》供養がおこなわれたほか、**元治《げんじ》の大火**（1864）や東日本大震災後にも法要や塔婆《とうば》が建てられるなど、受難者を供養する供養塔としての役割を担ってきたようです。

㊜清浄華院公式HP

## 防災・学習 24 梨木神社　染井の井戸

梨木《なしのき》神社の染井《そめい》の井戸は京都三名水としても有名ですが、災害時の水を確保するための災害時協力井戸にも登録されています。地震などの災害が発生した際には水道は断水することもあり、復旧には数か月を要することがあります。このような井戸水は災害時の消火用水や、飲料水、避難生活を支える生活用水として利用されることが期待されます。災害時協力井戸マップによると、京都市内の災害時協力井戸は全部で634か所あり、そのうち個人管理の井戸がその半数以上をしめています（2019年5月時点）。

参 京都市情報館ＨＰ「京都市内の災害時協力井戸マップ」

風水害

## 25 史跡御土居（蘆山寺）

蘆山寺《ろさんじ》境内墓地の東側に御土居《おどい》の一部が残っています。御土居は豊臣秀吉《とよとみひでよし》によって築かれた土塁（土を盛り上げて築いたとりで）ですが、鴨川などの河川の氾濫《はんらん》から洛中を守るための堤防の性格ももっていて、出雲路《いずもじ》橋付近では二重になっている場所もありました。近世に入ると徐々に取り壊されてゆき、昭和5年（1930）にその痕跡をとどめる8か所が国の史跡に指定されました。御土居が築かれた頃はこのあたりまで鴨川の河原だったと思われます。

参 植村善博『京都の治水と昭和大水害』、平凡社『日本歴史地名大系　京都市の地名』、京都市情報館ＨＰ「史跡御土居」

風水害

## 26 寛文新堤

寛文《かんぶん》3年（1663）の水害を契機として、寛文9年から鴨川に幕府によって堤防が築かれました。板倉内膳正《いたくらないぜんのかみ》によって築かれたこの寛文新堤により、鴨川の川幅は狭められ、河原であった場所が堤内地となって屋敷地などとして利用されるようになりました。貞享《じょうきょう》3年（1686）刊の「**京大絵図**《きょうおおえず》」を見ると「此《この》屋しき板倉内セン正《のかみ》殿在京時出来」と書かれています（右図）。また川沿いの土地がウォーターフロントとして賑《にぎ》わうようになり、四条河原町に代表される現在の繁華街のもととなったといわれています。

参 吉越昭久「京都・鴨川の「寛文新堤」建設に伴う防災効果」

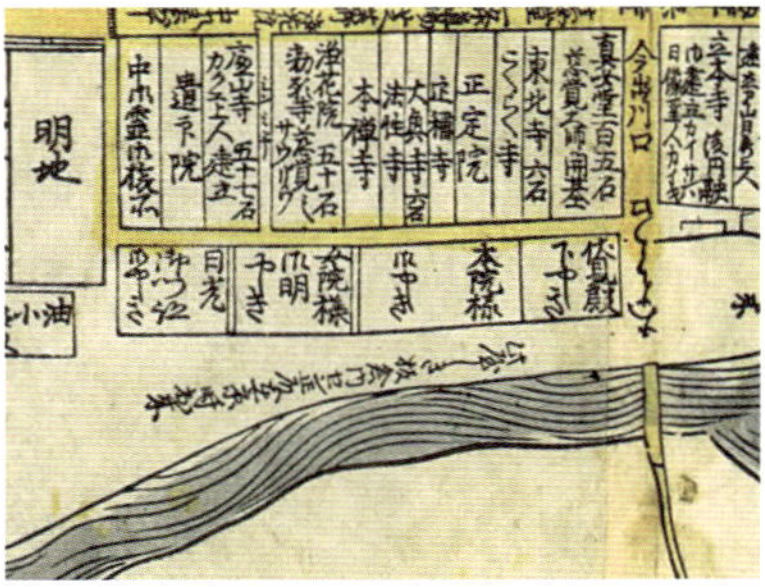

国立国会図書館蔵／国立国会図書館デジタルコレクション

火災

## 27 圓通寺　供養塔

圓通寺《えんつうじ》は山号《さんごう》を歓喜山と称する浄土宗のお寺です。境内には「為焼亡横死」と

PICK UP

# 28 京都御所

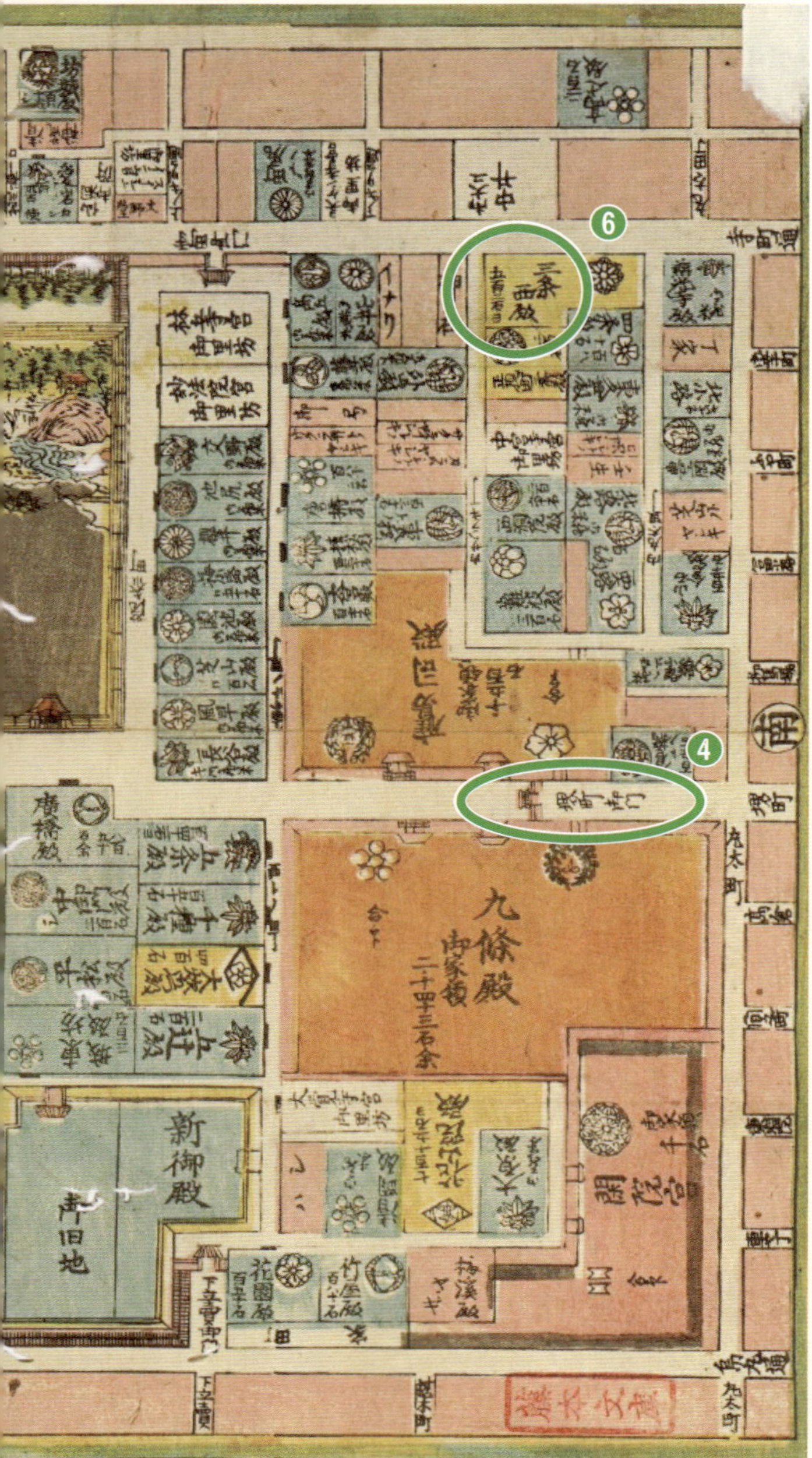


「内裏圖」（文久３年（1863）／国際日本文化研究センター蔵）

現在の京都御所のある場所が皇居として定着したのは鎌倉時代末期にさかのぼります。それ以来、幾度もの焼失や戦乱による荒廃、再建や拡張を繰り返しましたが、明治に至るまで500年以上、この付近が皇居の役割を担ってきました。江戸時代になると御所周辺には公家《くげ》の邸宅が立ち並ぶようになり公家町が形成されました。宝永《ほうえい》の大火後の造営では、烏丸《からすま》通以東、丸太町《まるたまち》通以北の民家を鴨川の東の仁王門通付近に移転させ、その跡地を利用することで公家町は拡大し、現代の京都御所の規模となったといいます。明治になると多くの公家が東京に移ったために邸宅跡は更地となり、御苑《ぎょえん》として整備され公家町は姿を消すことになりました。

↓ 41 二条川東の寺町
参 冷泉為人「公家町の災害と防災」

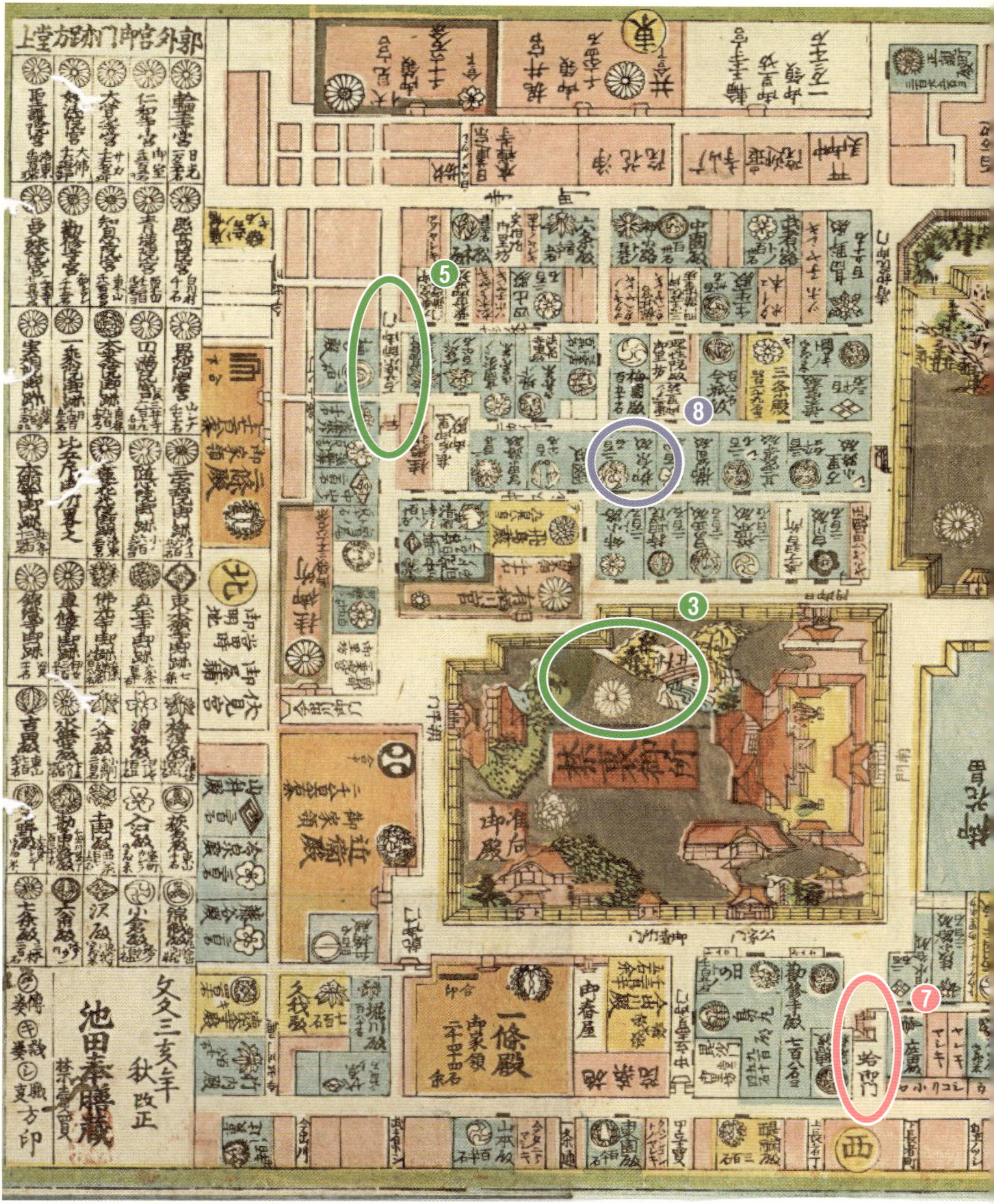
東
北
西
一條殿
近衛殿
准后御殿
三條殿
文久三亥年 秋改正

「谷風琵琶」（出雲大社蔵／出典『建築工藝畫鑑』第1期19輯、1913年）

## 地震 ❶ 文政の地震の被害

**文政《ぶんせい》の地震**（1830）では御所や公家衆《くげしゅう》の築地塀《ついじべい》などに被害が出ました。『甲子夜話《かっしやわ》』続篇巻之五十三所収の「京都地震見聞記」によれば、御所の築地の瓦が少し砕け落ち、仙洞《せんとう》御所の東南の御築地は40mほど倒れ、幔幕《まんまく》や板で囲ったとのことです。九条家、鷹司《たかつかさ》家、二条家などの外塀も大破し、そのほか公家方の屋敷も多く破壊したとあります。御所の建物は所々破損したようですが大きな被害はなく、天皇は小御所《こごしょ》の庭に畳を敷き、杭を打って幕を張り、数日を過ごしたようです。

## 地震 ❷ 地震の原因に関する怪しいうわさ

**文政《ぶんせい》の地震**（1830）が起こった原因について、当時さまざまな憶測がなされていたようです。京都御所の普請に、かつて墓地だった場所の不浄な土を用いたために地震が起きたであるとか、光格《こうかく》上皇が音楽を好み、出雲《いずも》大社にあった「谷風」という琵琶《びわ》（弾くと怪しいことが起きたという）を取り寄せ、3年間も留め置いたためだとかいった話が『**浮世《うきよ》の有様《ありさま》**』巻之三などに記されています。このようなうわさが立ったため土を入れ替え、急いで琵琶を返却したとの記録もあります。なお谷風の琵琶はいまも出雲大社に現存しており、地震との関連は不明ですが、地震発生の2か月後にあたる9月に返却したという記録があります。

## 地震 ❸ 泉殿・地震殿

災害時における天皇と皇后の避難場所として泉殿《いずみどの》と地震殿《じしんどの》が京都御所内に建てられています。現在の泉殿は**文政《ぶんせい》の地震**（1830）後に天皇が日常の住まいとしていた御常御殿《おつねごてん》近くに建て

られたもので、こちらを地震殿と間違うことが多いようです。地震殿は皇后の避難場所として安政《あんせい》の内裏《だいり》造営の際に皇后御殿の庭に建てられています。これらの施設は**寛文《かんぶん》の地震**（1662）の際に余震が頻発したことや、天候に左右されない避難場所が必要になったため設けられたと考えられています。独立して立地しているのは延焼防止のためとも推測されています。

参 川崎一朗ほか「京都御所泉殿地震殿の歴史と地震防災」、濱野未来「京都御所地震御殿の造営背景と配置変化の検討」

## ④ 地震 火災 堺町御門

**文政《ぶんせい》の地震**（1830）を記した『**浮世《うきよ》の有様《ありさま》**』巻之三によると、御所の門は悉《ことごと》く破損したが、堺町御門《さかいまちごもん》と寺町《てらまち》御門が最も大きな被害であったとのことです。**元治《げんじ》の大火**（1864）では長州《ちょうしゅう》藩邸とともに堺町御門付近も出火地点とされています。門付近の鷹司《たかつかさ》邸が火元と思われますが、当時の瓦版などには個人の特定を避けるためか「堺町御門辺」などといった記述に留まるものが多くみられます。

↓ 34 長州藩邸跡

## ⑤ 地震 石薬師御門

**文政《ぶんせい》の地震**（1830）被害を見聞して書いたと思われる「京都地震見聞記」（『甲子夜話』続篇巻之五十三所収）には石薬師御門《いしやくしごもん》の脇の塀が崩れ、門もかなり破損したとあります。

## ⑥ 地震 三条西家

寺町《てらまち》通丸太町上るにあった三条西家《さんじょうにしけ》の屋敷では、**文政《ぶんせい》の地震**（1830）によって土塀が崩

低緯度オーロラ（2004年11月8日、りくべつ宇宙地球科学館提供、中央上部の赤い光がオーロラで下の明るい光は街あかり）

れ、子どもがひとり押し倒されて即死したと『甲子夜話《かっしやわ》』続篇巻之四十九に記されています。

## 火災 ⑦ 蛤御門

開《あ》かずの門であったが大火の際に扉が開いたため、焼けて口を開ける蛤《はまぐり》になぞらえ、蛤御《ご》門《もん》と呼ばれるようになった、という言い伝えがあります。宝永《ほうえい》もしくは**天明《てんめい》の大火**（1788）のエピソードといわれていましたが、近年それ以前にこの名を記した史料が発見されたことで、命名の時期はさらに時代をさかのぼるとの指摘がなされています。正式な名称は新在家《しんざいけ》御門といい、開かずの門は下立売《しもだちうり》御門であるとの説もあります。**元治《げんじ》の大火**（1864）や明治の整備事業による移設を経て現在に至ります。

㊜京都新聞社「蛤御門の命名は元禄以前か 京都御苑、通説遡る新史料」2016年4月28日記事

## その他災害 ⑧ 柳原紀光が見たオーロラ

明和《めいわ》7年（1770）の夏、全国各地で夜空が赤くなったという記録が多数見つかっています。「赤気《せっき》」とも書かれるこの現象、オーロラであると考えられています。オーロラというと極地方で見られる緑や白のものを思い浮かべる方が多いと思いますが、まれに日本のような低緯度の地域でも見られることがあり、そのときは、赤く見えるのだそうです。

公家《くげ》の柳原紀光《やなぎはらもとみつ》がとりまとめた歴史書『続史愚抄《ぞくしぐしょう》』にもこの明和7年のオーロラについて記されています。

㊜岩橋清美ほか『オーロラの日本史』、京都地学教育研究会編『京都自然紀行』

刻まれた**天明《てんめい》の大火**（1788）の供養碑が建っています。建物もこの大火によって焼失しており、その後再建され、現在は景観重要建造物に指定されています。

参 京都市「景観重要建造物　指定一覧（平成31年3月29日現在）」

## 風水害 29 中御門京極（寺町通丸太町上る）

治承《じしょう》4年（1180）に強い竜巻が発生しました。『方丈記《ほうじょうき》』に描かれた辻風《つじかぜ》です。発生地点の「中御門京極《なかみかどきょうごく》」は、現在の通りでいうと、椹木町《さわらぎちょう》通を東に延長して寺町《てらまち》通と交差するところ付近ということになります。京都市歴史資料館にほど近い地点です。ここから六条まで吹いて家々を破壊し、門や垣を吹き飛ばし、屋根の部材、家財などを吹き上げた様子が描かれています。

京滋では、2018年6月に米原《まいばら》市で竜巻が発生しました。気象庁の「竜巻等の突風データベース」によれば、1973年以降、京都府内でも海上も含めて13回の竜巻等の突風が確認されています。なかには、負傷者や住家の全壊または半壊をともなったものもあります。同じく気象庁のホームページにある「竜巻から身を守るには」なども参照していただき、備えていただければと思います。

## 防災・学習 30 京都市歴史資料館

京都市歴史資料館の前身は「京都市史編さん所」で、京都市史編さん作業を通じて、多くの古文書《こもんじょ》などが蓄積されています。1階は資料展示室、映像展示室、2階は閲覧相談室になっています。

この資料館には、京都市に関連する多くの歴史資料やその写真、図書等が保管されています。もちろんこれらの資料のなかには、地震などの自然災害について

記録されたものも多数あり、その一部はこの本のなかでも紹介しています。原文で読んでみたい方は、いちど資料館を訪ねてみてはいかがでしょうか。

## 地震 31 下御霊神社

『かなめいし』には**寛文《かんぶん》の地震**（1662）の時、下御霊《しもごりょう》神社で子どもが石《いし》灯籠《どうろう》に打たれて亡くなったとの記事があります。地震のあった日は境内で神事がおこなわれており、多くの人がいましたが、地震の揺れで大騒ぎになり、石灯籠に抱き着いた7、8歳の子どもがその下敷きとなって悲惨な死に方をしたと記されています。

## 地震 32 行願寺（革堂）

行願寺《ぎょうがんじ》（革堂《こうどう》）はもともと一条通にありました。『日本紀略』には永祚《えいそ》元年（989）には鴨川の氾濫《はんらん》で倒壊したとあり、その後十数回火災にあったようです。『甲子夜話《かっしやわ》』続篇巻之四十九によると、**文政《ぶんせい》の地震**（1830）では革堂前で6軒の家が倒れて6人が下敷きになりましたが、怪我だけで命は助かったそうです。

## 防災・学習 33 銅駝の水

銅駝《どうだ》会館の南の道に面して蛇口があるのをご存知でしょうか。この水は防火用の水として利用できるよう地下水を汲《く》み上げているものです。しかしずっと見ているとタンクを持った人々が絶え間なく

訪れ水を汲んでいきます。この水は「銅駝の水」という地元では有名な名水で、テレビでも紹介されたことがあります。いざという時の防火用水として、また非常時の飲み水として利用できるよう、保全していかねばなりません。

火災
## 34 長州藩邸跡

**元治《げんじ》の大火**（1864）の主な出火地点のひとつとされるのが主戦場のひとつであった河原町二条の長州《ちょうしゅう》藩邸です。直後からさまざまな瓦版が出回りますが、この中には長州屋敷と明記しないものが多く、中には「河原町二条下ル[redacted]ゟ《より》出火」と、「長州屋敷」と書かれていたと思われる部分が読めないものがあります。最初は「長州」と版木《はんぎ》に彫ったものの、火元の特定を防ぐために後からその部分の版木を削ったものと思われます。

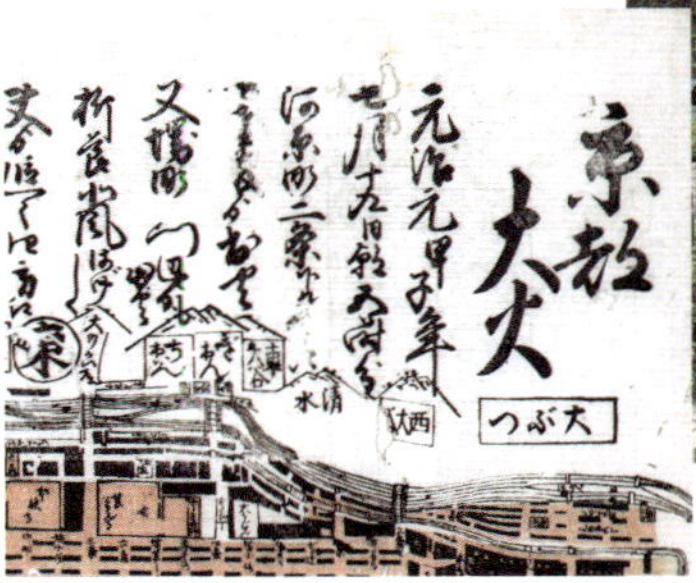

「京都大火極本しらべ」（京都市歴史資料館蔵、部分）

㊜長尾泰源ほか「火災図を用いた「元治の京都大火」被災範囲の復原」、伊東宗裕「京都の火災図 京都市歴史資料館蔵大塚コレクションについて」

風水害
## 35 檀王法林寺裏門前

明治18年（1885）7月1日の『日《ひ》出《で》新聞』に「父兄たる人注意せよ」という見出しが出ています。大雨によって鴨川が増水して三条大橋付近も大水となり、その水勢を見物しようと6歳と8歳ほどの男の子が川端《かわばた》三条上るの檀王《だんのう》法林寺裏門前の川岸に立っていました。すると足元の石垣が崩れて川に落ち、あっという間に40mほど流されました。橋を通りかかった人力車の車夫がこれに気づき、とっさに三条大橋から鴨川に飛び込んで2人を助け、橋詰の派出所へ届け出ました。介抱した結果、幸い一命をとりとめたということです。

風水害
## 36 三条大橋

清水焼《きよみずやき》の窯元《かまもと》であった和気亀亭《わけきてい》の『日記』（京都府立京都学・歴彩館所蔵）によると、嘉永《かえい》5年（1852）7月21日から暴風雨に見舞われたことがわかります。これによって洪水が発生し、高野《たかの》川では家が流れ、三条大橋は4mほど、五条大橋は橋の6割が流失したため、26日に仮橋ができるまで、三条大橋の下は船渡しになったそうです。この洪水によって七条高瀬《たかせ》橋と正面橋も流れ、五条伏見《ふしみ》街道

の森下町や大黒町、建仁寺町が浸水し、檀王《だんのう》法林寺の裏門が流失しました。その約ひと月後の8月16日にもまた大雨が降り、せっかく復旧した三条大橋と五条大橋の仮橋は流失したといいます。

京都市土木局『水禍と京都』より

**昭和の水害**（1935）でも三条大橋は一部流失しました（6月29日8時31分）。鉄桁《てつげた》木橋でしたが、長さ100mのうち中央部の17mが流されました。こうして流された部材は四条大橋など下流の橋に引っかかり、橋の流失や、閉塞による越流の原因になっていったと考えられます。当時撮影された写真には、中央が破損した橋と、それを橋詰から眺める人々が写っています。手前に見えるのは京阪電車三条駅と高山彦九郎《たかやまひこくろう》像です。

参 京都市役所編『京都市水害誌』、京都市土木局『水禍と京都』、中ノ堂一信「幕末期における京焼陶家の生活」

## 地震 37 鳩居堂

「地震状　下書」（「熊谷家《くまがいけ》文書《もんじょ》」京都市歴史資料館で写真帳閲覧可）は、**文政《ぶんせい》の地震**（1830）ののち、この地震の状況について書かれた手紙の下書きです。市中の地震による被害の様子が書かれています。近所、従業員や取引先、二条城、寺院の順で書かれているのは書き手の関心や各地点の重要性によるものでしょうか。地震のことのほか、16日からの大雨や避難生活の様子が書かれ、さらに、世間の状況に対する評論も書かれています。裏側には「地震様子書の下書、後代人の為《ため》ニ残し置也《おくなり》（中略）天保《てんぽう》二年辛卯《しんう》　四月一日　子孫の者共《ものども》へ」とあり、手紙の下書きを用いて教訓を残そうとしたようです。下書きなので推敲《すいこう》のあとも見られます。

熊谷家は、鳩居堂《きゅうきょどう》（寺町にある書画用品やお香の老舗）の当主の家です。通常手紙は届いた先で保管されますが、これは下書きで、教訓を伝えたいという意志があったために残ったわけです。

災害が発生するたびにその教訓をどう後世に伝えるかが課題になっています。この下書きのように、「書く」ことによって伝える、また、家族やコミュニティを通して伝えるのは有効なやり方のひとつでしょう。

火災
## 38 聖護院門跡

**天明《てんめい》の大火**（1788）のとき、光格《こうかく》天皇は下鴨《しもがも》神社に避難していましたが、風向きがわるくなったため、聖護院《しょうごいん》に避難しました。避難後に聖護院付近も危うくなり一条院宮へ再度避難しようとしましたが、松平信道《まつだいらのぶみち》などの防火活動により難を逃れたようです。このときは御所が焼失してしまったため聖護院が仮御所となりました。しかし付近に火葬場があって臭気があったため火葬の中止が幕府から命じられています。

↓16 下鴨神社（賀茂御祖神社）、【コラム2】天明の大火における松平信道の活躍 39頁
参 大邑潤三ほか「京都天明大火における大名火消の実態」

地震
## 39 聖護院村

**文政《ぶんせい》の地震**（1830）で聖護院《しょうごいん》村では町家一軒が倒壊したという記録が『甲《かっ》子夜《しや》話《わ》』続篇巻之四十九にあります。兄弟が下敷きになりましたが、まったく怪我もなく平気にはい出てきたそうです。一方で同村の年寄で難波屋という家では、姉に背負われた2歳の弟が即死したとのことです。弟を背負って逃げようとしたのでしょうか。震動を感じてから家が倒壊するまで、あまり時間がなかったのかもしれません。また聖護院門跡《もんぜき》では築地《ついじ》が崩れ、外から広間が見えたようです。周囲に幕を張りめぐらして昼夜火の元の警護をしたと記されています。

地震
## 40 法勝寺九重塔の基壇の石（京都市動物園）

岡崎周辺は、白河《しらかわ》と呼ばれ、平安時代末期には、院政が執りおこなわれた白河殿のほか、法勝寺《ほっしょうじ》をはじめとする6つの寺院（六勝寺）の大伽藍《がらん》が造営されました。その法勝寺には八角九重塔《はっかくくじゅうのとう》がありました。現在の京都市動物園内、観覧車のあるところです。この塔は、元暦《げんりゃく》2年（1185）の地震で瓦が落ちるなどの被害が発生しています。また、伽藍内の諸堂の大半が倒壊しました。

京都市動物園内には八角九重塔の基壇の石といわれる石材も置かれています。

お気づきでしたでしょうか。

火災

## 41 二条川東の寺町

二条川東《かわひがし》と呼ばれる地域には江戸時代中期頃の比較的古い寺院建築が多く立地しています。これらの多くは宝永《ほうえい》の大火（宝永5年・1708）後に御所周辺の街区再編のために移転してきたもので、錣《しころ》葺《ぶ》き様式の屋根が多いという特徴があります。**天明《てんめい》の大火**（1788）では洛中の多くの寺院が焼失しましたが、この付近は焼失を免れており、結果として宝永大火復興期の建物群が現代に残ることになりました。京都の中でも希少性の高い寺町《てらまち》の景観といえます。

↓28 京都御所

参 中村琢巳「京都市街地の寺社における歴史的建造物GISデータベース構築」、中村琢巳ほか「都市大火史からみた近世京都の景観研究」

地震

## 42 白川橋

三条大橋から蹴上《けあげ》に向かう途中にある白川《しらかわ》橋は**文政《ぶんせい》の地震**（1830）により破損しました。『甲子夜話《かっしやわ》』続篇巻之四十九および五十三によると、橋詰では家が数軒ほど倒れて死人が出たほか、付近では植木屋の石灯籠《いしどうろう》260本や庭に用いる飛石《とびいし》、手水鉢《ちょうずばち》が倒れ、多くが傷物になったといいます。川沿いで地盤が悪かったことなどが要因として考えられます。また半月後の大雨による出水によって更に壊れ、「石橋が大きく壊れ渡れない程である」との記録が残っています。もとは木橋でしたが**寛文《かんぶん》の地震**（1662）で破損した五条大橋の石材を転用して石橋となりました。

↓109 五条大橋

参 平凡社『日本歴史地名大系　京都市の地名』

Column 2

# 天明の大火における松平信道の活躍

**天明《てんめい》の大火**（1788）では亀山《かめやま》藩（現亀岡市）と藩主の松平《まつだいら》紀伊守《きいのかみ》信道《のぶみち》が出動し、刻々と変化する火災の状況に対して、臨機応変に対応しました。亀山藩は幕府から京都火消《ひけし》役に任じられており、京都周辺の淀《よど》藩、膳所《ぜぜ》藩（現大津市）、大和郡《やまとこおり》山《やま》藩、それに高槻《たかつき》藩と篠山《ささやま》藩とともに当番制で、京都で火災が発生した場合に対処する役目を負わされていました。亀山藩は京都との間にある山陰道の老ノ坂《おいのさか》峠に家臣を住まわせ、日常的に京都の状況を観察させて、異変があった場合には亀山城に知らせる仕組みになっていました。

天明の大火が発生した天明8年（1788）正月晦日《みそか》は、篠山藩が当番の月でした。翌日2月1日から亀山藩が当番となっていたため、藩士が京都に向かっている最中に火災発生の一報が京都の藩邸から入ります。これをうけて藩主自らも出動し、藩邸が焼失してしまったため朱《す》雀《ざく》村に出動しました。出動した大名火消しは町奉行に出動の届出と出動場所の伺いの使者を出すことになっていましたが、風向きを心配した信道らは、使者の帰りを待たずに独自の判断で防火の重要拠点である二条城に出発しました（72 二条城参照）。このとき亀山藩は千本《せんぼん》通を北に上がらず、延焼地域を避けて大きく迂回《うかい》するルートをとっています。南東の風が激しく千本通が危ないと判断したためと思われますが、確実に二条城に到着するために、急がば回れとばかりに、七条通を東へ進み、大仏（方広寺《ほうこうじ》）門前を北に、丸太町《まるたまち》を西に進んでいます。

二条城に入って防火をしていると、風向きが変わって御所が危なくなりました。信道は供回りの数人を連れて御所に騎馬にて駆けつけます。このとき御所の入口に下馬札《げばふだ》（ここからは馬から降りるよう示した看板）がありましたが、信道は札を紋付きの羽織で覆い、騎乗したまま通り抜けたといいます。本来であれば下馬しなければいけない所も、非常時のため騎乗したまま通るが、心付けた証《あかし》としての行動と思われます。信道のこの判断と行動は後に賞賛され、その下馬札を下賜《かし》されており、現在亀岡市文化資料館に保存されています（写真）。同様の話は『甲《かっ》子夜話《しやわ》』にも収録されており、当時有名になった話だったようです。

㊫大邑潤三ほか「京都天明大火における大名火消の実態」

京都御所下馬札（松平家資料、亀岡市文化資料館寄託）

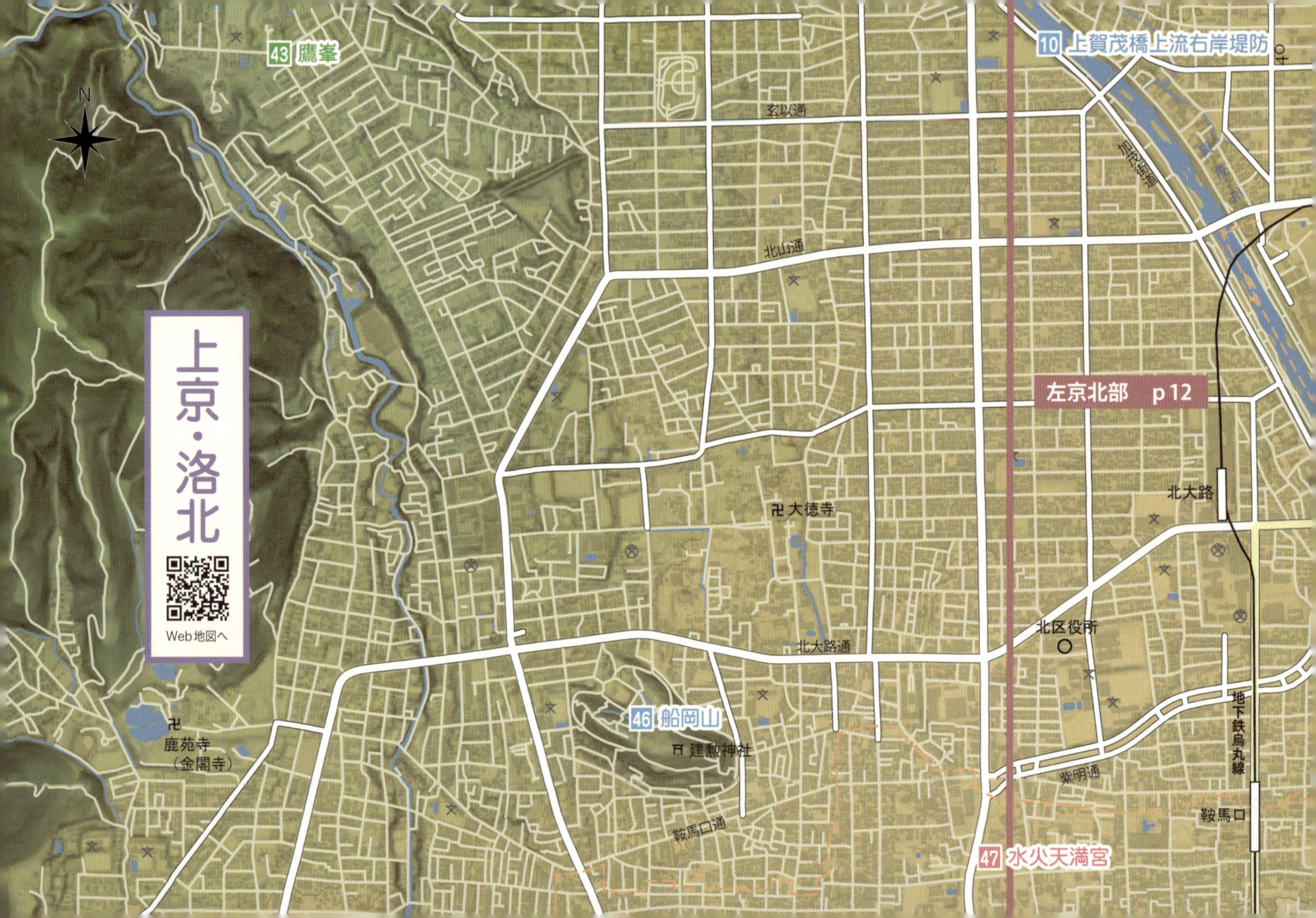

上京・洛北
Web地図へ
43 鷹峯
10 上賀茂橋上流右岸堤防
玄以通
加茂街道
賀茂川
北山通
左京北部 p12
北大路
大徳寺
北区役所
北大路通
46 船岡山
建勲神社
鹿苑寺
（金閣寺）
紫明通
地下鉄烏丸線
鞍馬口
鞍馬口通
47 水火天満宮

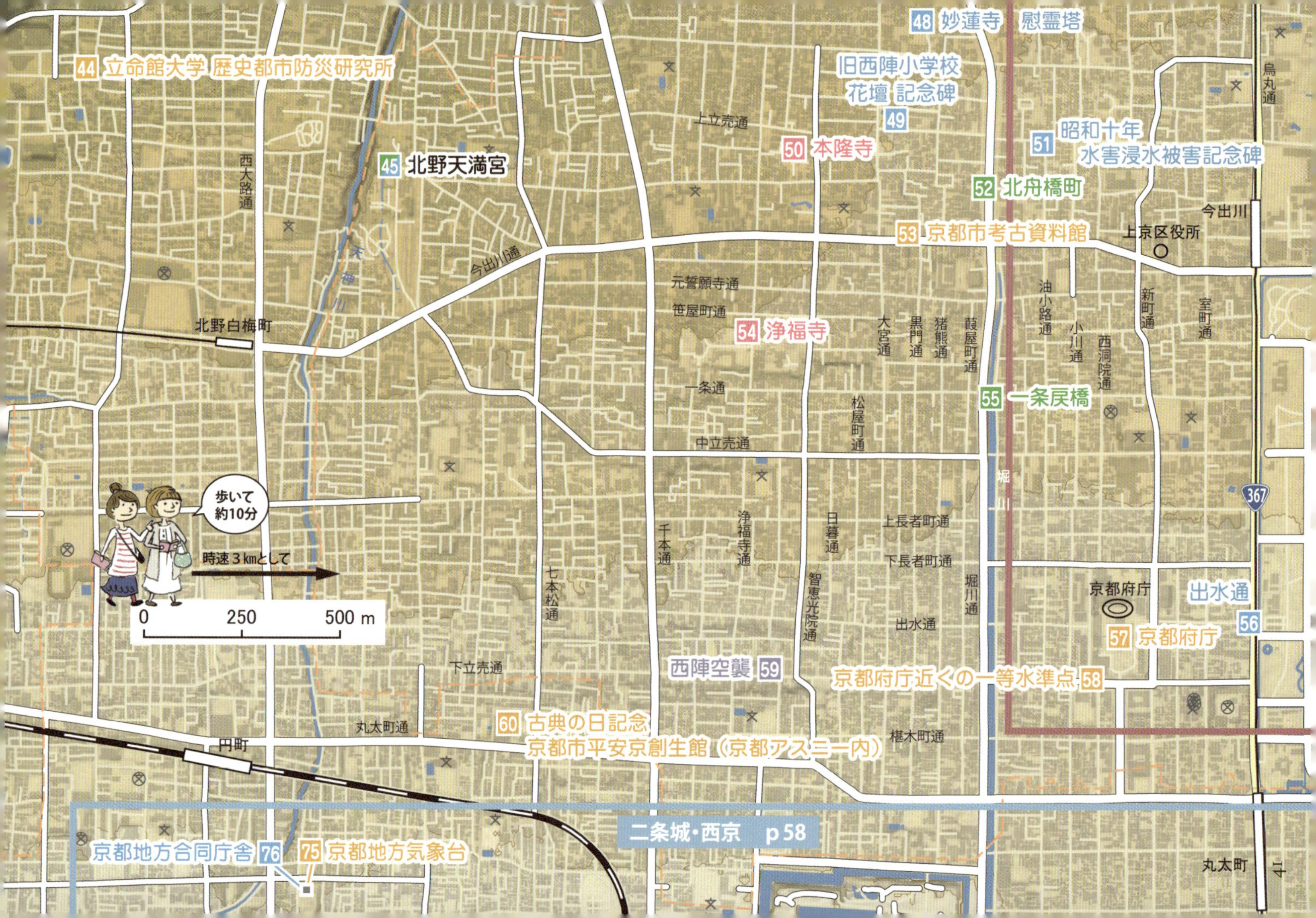
44 立命館大学 歴史都市防災研究所
45 北野天満宮
48 妙蓮寺 慰霊塔
旧西陣小学校
花壇 記念碑
49
50 本隆寺
51 昭和十年
水害浸水被害記念碑
52 北舟橋町
53 京都市考古資料館
54 浄福寺
55 一条戻橋
56 出水通
57 京都府庁
京都府庁近くの一等水準点 58
西陣空襲 59
60 古典の日記念
京都市平安京創生館（京都アスニー内）
京都地方合同庁舎 76
75 京都地方気象台
二条城・西京 p 58
歩いて
約10分
時速 3 kmとして
0 250 500 m
西大路通
北野白梅町
今出川通
天神川
上立売通
元誓願寺通
笹屋町通
一条通
中立売通
下立売通
丸太町通
円町
七本松通
千本通
浄福寺通
智恵光院通
日暮通
松屋町通
大宮通
黒門通
猪熊通
葭屋町通
上長者町通
下長者町通
出水通
堀川通
椹木町通
堀川
油小路通
小川通
西洞院通
新町通
室町通
烏丸通
今出川
上京区役所
京都府庁
丸太町
367

## 43 地震 鷹峯

『浮世《うきよ》の有様《ありさま》』巻之三によると**文政《ぶんせい》の地震**（１８３０）の際、北区鷹峯《たかがみね》で幅約２ｍ、長さ約50ｍにわたって、地面がひっくり返ったといいます。土砂崩れなのか地割れなのかわかりませんが、これが生じた屋敷の家や蔵で無事な物はひとつもなかったとのことです。

## 44 防災・学習 立命館大学 歴史都市防災研究所

「立命館大学歴史都市防災研究所は、文化遺産の宝庫とも言うべき京都・滋賀を拠点として、芸術と文化の保全と、それを支える環境とコミュニティを含めた災害対策とを、一体の物として捉える『文化遺産防災学』の教育・研究を推進するため」設立されたとのことです。研究所1階に展示ルームがあるほか、歴史災害に関するさまざまな発信をしています。

この本を手にとられて、京都の災害についてもっと知りたくなった方におすすめするのが、「京都歴史災害年表」です（http://r-dmuch.jp/jp/results/disaster/vol06.html）。歴史都市防災研究所が発行する学術雑誌である『京都歴史災害研究』第6号に掲載されており、８０２年から１８６５年まで、京都および周辺の災害の記録をまとめた年表です。記述内容だけでなく出典も示されています。大部ですが、一読、一覧の価値はあると思います。

## 45 地震 風水害 北野天満宮

学問の神として菅原道真《すがわらのみちざね》を祀《まつ》る北野天満宮には多くの石灯籠《いしどうろう》があります。**文《ぶん》政《せい》の地震**（１８３０）ではこれらの多くが倒壊し南東の方角に倒れたと『甲子夜《かっしや》話《わ》』続篇巻之四十九が記しています。現存する石灯籠の中には欠けたものがいくつかありますが、近代以降に動かされたり**室戸《むろと》台風**（１９３４）でも倒れているため、破損個所から倒れた方向を推定するのは難しそうです。一方で、建立数を調べると本地震の後や、**伊《い》賀《が》上《うえ》野《の》地震**（１８５４）後に多くなっていることから、地震で壊れるたびに新たに寄進されていたようです。石灯籠のほかにも石鳥居《いしどりい》が折れたまま立ち続けたなど北野天満宮に関する記録は多く、さまざまにうわさされていたようです。

参 大邑潤三「文政京都地震（1830）における北野天満宮の被害記録と流言の検証」、加藤護ほか「北野天満宮の石灯籠建立時系列に記録された京都市街の歴史地震動」、同「石灯籠の破損から歴史地震の強震動の特徴を推定することは可能か？」

風水害

## 46 船岡山

**室戸《むろと》台風**（1934）によって大きな被害が発生したのは、学校にくわえて寺社とそれらを囲む風致林《ふうちりん》でした。寺社の被害については寺院に比べて神社の被災率が高くなる傾向がみられ、神社林などの樹木の折損被害や倒木による建物被害が頻発したためと考えられています。船《ふな》岡山《おかやま》でも多くの樹木が倒れ、建勲《けんくん》神社の拝殿や社務所が大破しています。同様に近年では平成30年（2018）の台風21号で多くの倒木が発生し、手水舎や末社義照稲荷社、船岡妙見社が倒壊しました。室戸台風では京都を囲む山々でも多くの木が倒れました。こうした倒木の多くは放置され、翌年の**昭和の水害**（1935）における流木などによる橋梁《きょうりょう》流失の原因になったと指摘されています。

京都新聞社提供（2019年8月25日　京都新聞掲載）

参 谷端郷「昭和戦前期の京都市における風水害に伴う被災社寺の分布とその特徴」、植村善博『京都の治水と昭和大水害』

火災

## 47 水火天満宮

都の水害や火災を鎮めるため、醍醐《だいご》天皇の勅願により菅原道真《すがわらのみちざね》を祭神として延長《えんちょう》元年（923）に勧進《かんじん》されたといい、水難火難禍《わざわい》除けの神として知られています。もともと上天神町の南東にありましたが堀川通の拡張により現在地に移り

ました。**天明《てんめい》の大火**（1788）によって焼失しておりさまざまな記録も失われたといいます。

㊂水火天満宮ＨＰ

風水害

## 48 妙蓮寺　慰霊塔

妙蓮寺の墓地には、**室戸《むろと》台風**（1934）のときに西陣《にしじん》小学校で犠牲になった児童の「慰霊塔」があります。表面には犠牲者41名の名前が彫られ、裏には被災時の状況と慰霊塔建立の経緯が漢文で記されています。

㊂植村善博「室戸台風による京都市とその周辺の学校被害と記念碑」

風水害

## 49 旧西陣小学校　花壇　記念碑

京都市立西陣《にしじん》小学校の木造校舎は**室戸《むろ》****台風《と》**（1934）により倒壊し、41名の児童が亡くなりました。公園との境にある花壇には、西陣校と書かれた屋根瓦が使われています。脇の銘板には、倒壊した校舎に使われていた瓦を利用したものと書かれており、関係者一同の思い出とすると刻まれています。校舎の裏手には「記念碑」があり、妙蓮寺の「慰霊塔」とともに毎年慰霊行事がおこなわれています。

㊂植村善博「室戸台風による京都市とその周辺の学校被害と記念碑」、西陣社会福祉協議会『西陣小学校学譜』

火災

## 50 本隆寺

本隆寺は法華宗《ほっけしゅう》真門流総本山で、不焼寺（やけずの寺）とも呼ばれます。享保《きょうほう》15年（1730）の西陣《にしじん》焼けと、**天明《てんめい》の大火**（1788）でも本堂が焼け残っており、本堂に安置されている鬼子母神《きしもじん》のおかげであるといわれます。境内には「不焼寺之記《の》」の石碑が建っており、異容の婦人（鬼子母神の化身《けしん》）が桶を手に

消火をしたという伝説が記されています。

## 風水害 51 昭和十年水害浸水被害記念碑

住宅の壁際に建つ石柱の表面には「上《かみ》立売通《だちうり》 堀之上町」と彫られ、一見すると道標のように見えますが、西面に「昭和十年六月末 大出水地上四尺」の文字が彫られています。四尺はおよそ1・2mになります。もとは道を挟んだ反対側にあったものをここに移設したそうです。裏面には欄干《らんかん》がはまっていたような痕が見られるため、かつてここに流れていた小川（おがわ／こかわ）に架かっていた被災した橋の一部を転用したものかもしれません。

## 地震 52 北舟橋町

『町定 幷《ならびに》 諸事記録帳』（「北舟橋町文《きたふなはしちょうもん》書《じょ》」京都市歴史資料館で写真帳閲覧可）には、**文政《ぶんせい》の地震**（1830）のことなどが記録されています。町の会合のことなどが書かれているのですが、その中に「文政十三年庚寅《こういん》七月三日 二日申刻大《さるのこくおお》地震二付延引 八日に寄合《よりあい》」とあります。7月3日に会合を予定していたようですが、2日に大きな地震が起きたので会合を延期し、8日に開催した、ということになります。文政の地震については、この本でもたくさんの地点を紹介していますが、京都市中で大きな被害が出ています。そのような状況のなか会合を延期したという出来事から、当時の人々の地震への対応が浮かびあがってくるように思います。

## 防災・学習 53 京都市考古資料館

公益財団法人京都市埋蔵文化財研究所の発掘・調査・研究の成果を展示しています。昭和54年（1979）に開設されました。時代別、テーマ別の展示のほか、考古遺物に実際に触れたり、手にとって観察できるオープン展示もあります。また、発掘調査を踏まえた各種の速報展示

や特別展示も開催されています。

考古遺跡からは、過去の地震にともなう液状化現象や地すべりの痕跡が検出されることがあり、古い地震について知るための貴重なデータとなっています。このような研究分野を地震考古学といいます。洪水や火災の痕跡や、過去の火山噴火で降り積もった火山灰が発掘されることもあります。自然災害が昔の人々の生活にどう関わってきたのかを考えるところに災害研究と考古学の接点があるのではないでしょうか。

→【コラム9】地震と液状化現象　121頁

## 54 火災 浄福寺

浄福寺は浄土宗の寺院で、山号《さんごう》を恵《え》照山《しょうさん》といいます。平安期から何度か火災に見舞われていますが、享保《きょうほう》15年（1730）の西陣《にしじん》焼けでは焼失を免れました。**天明《てんめい》の大火**（1788）では塔頭《たっちゅう》は残らず全焼しましたが、本坊は無事だったようです。この時、鞍馬《くらま》山から天狗《てんぐ》がクロガネモチの木に飛来し、団扇《うちわ》であおいで延焼を防いだとの伝承があります。境内には護法大権現《ごほうだいごんげん》として天狗が祀《まつ》られています。

## 55 地震 一条戻橋

**文政《ぶんせい》の地震**（1830）で一条戻橋《もどりばし》付近にあった蕎麦《そば》屋が堀川へ崩れ落ち、客が6人死亡したと**『浮世《うきよ》の有様《ありさま》』**巻之三に記録されています。川沿いの地盤が悪い所で川岸ギリギリに建物を建てていたためでしょうか。

## 56 風水害 出水通

出水《でみず》通の由来をご存知でしょうか？『京都坊目誌《きょうとぼうもくし》』によれば「烏丸《からすま》の西に湧水があり、ときに溢《あふ》れて道路が浸水する」と由来を記しています。しかし「烏

丸川が埋まってから湧水がとまり、それより街の名になった」とのことです。

㊫平凡社『日本歴史地名大系　京都市の地名』

## 57 防災・学習 京都府庁

本書では過去の災害について、その舞台となった場所を頼りにしながら紹介しています。では、これから起こり得る災害にはどのように備えたらよいでしょうか？　そのひとつの参考になるのが自治体が作成するハザードマップです。各自治体で配布あるいはホームページで公開されているほか、京都府マルチハザード情報提供システム（http://multi-hazard-map.pref.kyoto.jp/top/top.asp）にまとめられています。

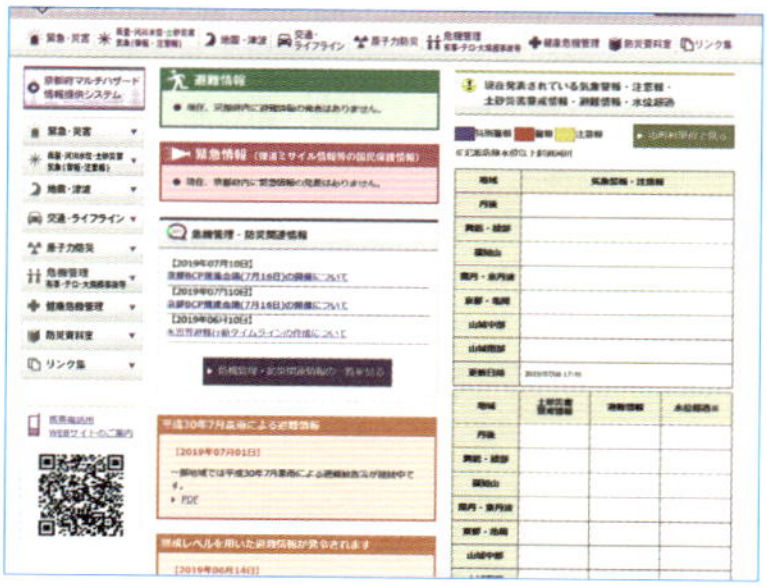

実際に災害が発生しそうなとき、あるいは発生したときには、きょうと危機管理WEB（http://www.pref.kyoto.jp/kikiweb/）で情報を参照できます。ただし、災害発生時には停電や通信インフラの障害でアクセスできない場合もあります。複数の情報源を確保していただくとともに、平素からどのような情報があるのか、ときどき確認していただくのがよいと思います。

## 58 防災・学習 京都府庁近くの一等水準点

京都府庁の近くには一等水準点が設置されており、立派な銘板が添えられています。

水準点は主な道路沿いに設置されていて、地域ごとの高さの基準になっています。日本では、標高0mの基準は、東京湾の平均海面と定められています。国土地理院が発行する地形図には、水準点が記号で示されており、横の数字がその場所の標高になります。正確に高さを知ることは、道路や鉄道、上下水道、あるいは住宅やビルの建築にも不可欠です。水平であるべき場所（たとえば家の床）や、逆に一定の傾斜がないと困る場所（たとえば水路）は、身の回りにもたくさんあると思います。

地震が発生すると断層の変位により高さが変わる場所が出てきます。長期的には地殻変動や地盤沈下等によって高さが変化するので、定期的に測量が実施され水準点の高さが決められています。土地

の形や高さを調べる測量ですが、少し視野を広げると、地球の形を知ることとつながっています。

→【コラム1】地震をどうはかる?　22頁

参 国土地理院ＨＰ「水準点（高さを求める）」

その他災害

## 59 西陣空襲

昭和20年（１９４５）６月26日の朝、西陣《にしじん》に空襲がありました。４００ｍ四方が被災し、死者は50名にのぼったといいます。山中油店《やまなかあぶらてん》の店頭にはその時の爆弾の破片が展示されています。

→116　馬町空襲

防災・学習

## 60 古典の日記念　京都市平安京創生館（京都アスニー内）

中京区の丸太町通沿いにある京都アスニー。生涯学習の拠点になっています。平安京造酒司（さけのつかさ・みきのつかさ）の跡地とのことです。

ここの１階には平安京について解説する京都市平安京創生館があります。平安京イメージマップや平安京復元模型（ジオラマ）があり、在りし日の平安京について学習してから京都の町に出かけるのも一興です。この本でも取りあげた（40　法勝寺九重塔の基壇の石）、法勝寺《ほっしょうじ》の九重塔《くじゅうのとう》の模型もあります。また、地面の下に堆積している土層の様子が分かるパネル（剥《は》ぎとり標本。中京区の高倉小学校の校庭での発掘調査の際に採取されたもの）も展示されています。これを見ると、特に遺跡として指定されていない場所であっても、ふだん何気なく歩いている地面のすぐ下には、各時代の地面が埋まっていることが感じられます。

災害の観点からいえば、ここのジオラマは平安時代に発生した災害について、どこがどのように被害を受けたのか、自然環境による要因は何か、などを考えるヒントになります。平安京やその後の京都の歴史に思いを馳せるとき、繰り返し発生してきた災害についても、少し考えてみていただければと思います。

Column 3

# 三条柳馬場で地震を体験した武士の話

三条柳馬場《やなぎのばんば》の逗留《とうりゅう》先で**文政《ぶんせい》の地震**（1830）を体験した武士の話が、『甲子《かっし》夜話《やわ》』続篇巻之四十九に登場します。筆者の松浦静山《まつらせいざん》（肥前平戸《ひぜんひらど》第9代藩主）の家臣である蒲生某から届いた書状で、それを書き写したものです。

蒲生は7月2日の夕方に逗留先の主人と座敷で会話していたところ、ふと鉄砲のような音がして家が持ち上がって落ちたように感じました。これは前震と考えられます。「地震だろうか」と言っていたところ、すぐに北の方から雷か大砲のような音が響き、大地震となりました。家の中には土煙がたち、鴨居《かもい》が落ち、壁も崩れたために座敷に居られなくなりました。思わず庭に飛び降り植木の松にしがみついていると、庭の土蔵が崩れ落ち、軒先の大きな石灯籠《いしどうろう》が倒れました。これらの体感や被害から推測すると震度5強はあったと考えられます。こうした状況が、たばこを4～5服呑《の》むくらいの間続いたということです。

しばらくして揺れが鎮まり、「これは大変なことだ」と言っているうちに、また雷鳴のような音が響き揺れ出しました。その後も絶え間なく余震があったようで、その間隔はたばこ1～2服を呑むくらいの時間しかなかったようです。

いつまでも庭先にいるわけにいかないので、茶室に入りましたが、後ろに隣家の土蔵があるのでこれが崩れたら大変ということになり、母屋《おもや》に戻ることになりました。周囲に畳を15枚ずつ重ね、その上に太い棒2、3本を渡してその下に入り夜を明かしたと記されています。余震が続いていたこともあり、夜中に強い揺れが来て家が倒れても、自分たちが潰されないように畳でシェルターを作ったものと思われます。

翌日も余震が絶え間なく発生し、始終大砲か雷のような音が地中に響いていたようです。もう一度最初のような地震があったら、洛中の家はたちまち将棋倒しになって、押し殺されるに違いないといって心配しています。そうしているうち夜半頃より余震の間隔が長くなり、大きな揺れは稀になっていきました。

7月3日の朝から町内は皆外に畳を敷いて雨除けをつくり、その中で家族全員が住むありさまでした。3日の夕方には、大火になるとのうわさがたち、家々が空き家同然になっているため盗人が徘徊《はいかい》するとの風聞もあったようです。そのため6日までの5日間は騒がしい様子であったと伝えています。また被害が大きいため10年経たないと元の京都に戻らないであるとか、どこかの山が噴火しないと余震は鎮まらないのでは、といった事も書かれています。地震後にさまざまなうわさが立ち騒動になるのは、昔も今も変わらないようです。

右京
Web地図へ
66 愛宕神社
神護寺
65
67 愛宕参詣道の茶屋
清滝川
周山街道
大沢池
広沢池
68 清凉寺
有栖川
丸太町通
鳴滝
京福電鉄北野線
宇多野
御室仁和寺
妙心寺
龍安寺
61 仁和寺
妙心寺麟祥院 62

トロッコ嵯峨
嵯峨嵐山
トロッコ嵐山
常盤
JR嵯峨野線
花園
天龍寺
69
嵐電嵯峨
鹿王院
車折神社
太秦
撮影所前
嵐山
有栖川
帷子ノ辻
太秦広隆寺
戸無瀬の滝 71
70 渡月橋
京福電鉄嵐山本線
天神川・御室川
63
蚕ノ社
地下鉄東西線
嵐電天神川
山ノ内
右京区役所
三条通
嵐山
桂川
四条通
天神川通
松尾大社
葛野大路
五条通
歩いて
約20分
時速3kmとして
0
500
1000 m
阪急嵐山線
西京極
上桂
9
御室川治水碑 64
阪急京都線
国際日本文化研究センター
西京区役所
コラム4 桂離宮の水害対策 コ
八条通
京都大学
桂キャンパス
桂

地震

## 61 仁和寺

**文政《ぶんせい》の地震**（１８３０）を記録した『宝暦現来集《ほうれきげんらいしゅう》』巻之十九は当時の被害を「御室御所《おむろごしょ》様、嵯峨《さが》御所様等は大破のよし」と伝えています。仁和寺《にんなじ》の裏手の成就山《じょうじゅ》には御室八十八ヶ所霊場という、四国八十八ヶ所霊場を模した霊場があり、札所《ふだしょ》のお堂が数多く建っています。この霊場は地震の3年前の文政10年（１８２７）頃に成立した新しいものでしたが、これらにも大きな被害が出たようです。『興正寺《こうしょうじ》本寂 上人《ほんじゃくしょうにん》日記《にっき》』（興正寺蔵）は、「お堂や境内が残らず破損し所々大地が破裂したようだ。西北の方が揺れが強かったようだ」と記しています。また『成就院日記《じょうじゅいんにっき》』（清水寺蔵）にも「近年建てたお堂が所々転倒したようだ」と記録されています。『京都地震実録《きょうとじしんじつろく》』には、京都の大工を統括する京都大工頭《だいくがしら》中井岡次郎の見積もりとして仁和寺の修復費用を6万両と記しています。

㊂**大邑潤三「文政京都地震（１８３０）による被害と起震断層の再検討」**

地震

## 62 妙心寺麟祥院

『京都地震実録』によると、妙心寺麟祥院《みょうしんじりんしょういん》は**文政《ぶんせい》の地震**（１８３０）によって方丈《ほうじょう》の築地《ついじ》が残らず崩れ、廟所も大きく崩れて木っ端微塵となり、そのほか多くの建物の瓦がずり落ちたといいます。同記録には妙心寺の僧が被害の程度を相撲の番付に見立て、仁和寺《にんなじ》を西の関（大関）、妙心寺を関脇《せきわけ》と表現しています。こうした表現はほかにも見られ、二条城と愛宕《あたご》山の被害を東西の大関《おおぜき》と評している記録も見られます。

なお麟祥院は明治に入って現在の場所に移ってきています。

㊂**大邑潤三「文政京都地震（１８３０）による被害と起震断層の再検討」**

風水害

## 63 天神川・御室川

**昭和の水害**（１９３５）は鴨川が注目されますが、右京地域では大規模な浸水が発生しました。御前《おんまえ》通以西の桂川左岸低地は全域が浸水し、天神川と御室《おむろ》川に挟まれた太秦安井《うずまさやすい》から西京極《にしきょうごく》にかけては0・9～1・8m浸水しています。両川の中下流部は天井川となっていたため激甚な被害が発生しており、天神川では今出川通付近で10戸流出、死者2名、御室川は支流の宇多川の氾濫《はんらん》で家屋が流出し、花園駅周辺は二階まで浸水、太秦安井・山ノ内両地区で約50戸が流出するありさまでした。

こうした甚大な被害と、氾濫と排水不良が常態化していたこともあり、国庫補助による両川の改修事業が昭和11年（1936）の府会で認められました。しかし事業が遅滞することになり、住民が勤労奉仕をおこなったといいます。その後、御室川は新たに直線的な流路となり、天神川は西大路太子道《たいしみち》から西南西へ直線の新流路を掘削して、いまの太秦天神川駅付近で御室川と合流することとなりました。現在、合流点付近は太秦児童公園が整備されています。

参 植村善博『京都の治水と昭和大水害』

風水害

## 64 御室川治水碑

明治末期におこなわれた御室《おむろ》川の治水工事を記念する「治水碑」が七条通を少し入った山陰街道沿いに建っています。

梅津《うめづ》・西院《さいいん》・京極《きょうごく》・吉祥院《きっしょういん》の4村が協力しておこなった工事で、明治38年（1905）に竣工しました。碑文には、御室川は大雨になると濁流があふれて耕地が浸水していたが、治水工事によってその難が除かれたとあります。

地震

## 65 神護寺

『宝暦現来集《ほうれきげんらいしゅう》』巻之十九は**文政《ぶんせい》の地震**（1830）による神護寺《じんごじ》の被害を「高雄《たかお》山（神護寺）も大破に相成申候《あいなりもうしそうろう》」としています。他の記録には「とりわけ愛《あ》

宕《たご》山、高雄山、御室《おむろ》（仁和寺《にんなじ》）、嵯峨《さが》（大《だい》覚寺《かくじ》）などはよほどの被害である」とか「愛宕山、高尾山はとくに被害が大きく、寺院の堂塔はみな壊れ、神護寺にある東向きの山門が地震によって南向きになったそうだ」と記しています。門が90度回転するとは考えられないため、少し誇張が入っていると考えられますが、地震により墓石などが回転することはよくあるため、少し回転する程度であれば全くありえないことではありません。

㊜大邑潤三「文政京都地震（1830）による被害と起震断層の再検討」

地震

## 66 愛宕神社

**文政《ぶんせい》の地震**（1830）で最も被害が大きかった場所のひとつが愛宕《あたご》山の愛宕神社です。『蘿月小軒叢書《らげつしょうけんそうしょ》』（宮内庁書陵部蔵）所収の、愛宕神社から送られたと思われる「七月二日大地震荒処《あれしょ》之事《のこと》」には、その被害が詳しく書かれています。かつて神社とともにあった白雲寺の坊舎の被害が大きく、護摩《ごま》堂や土蔵が谷に落ち、新築の建物が真っ二つになったようです。そのほか参道の茶店の多くが倒壊したとの記録もあります。さらに京都西《にし》町奉行《まちぶぎょう》であった松平伊勢守定朝《まつだいらいせのかみさだとも》が7月5日付けで息子の左金吾《さきんご》に送った書状（『甲子夜話《かっしやわ》』続篇巻之四十九所収）には「愛宕山、幷《ならびに》嵯峨之《の》山鳴候而《なりそうろうて》は今以《いまもって》地震之如《ごと》く、右砂石等ころげ落候由《おちそうろうよし》（中略）若《も》哉《や》右之山之焼泥に而《て》も吹出可申《ふきだしもうすべし》、扨々《さてさて》心痛いたし候」とあり、数日経っても余震の影響が強く、もしかしたら愛宕山が噴火するのではないかと心配していたことがわかります。山鳴りは1年たっても聞こえたようで、『円台院殿御日記《えんだいいんどのごにっき》』（東京大学史料編纂所蔵）の天保《てんぽう》2年（1831）10月10日条には「気丈に参詣致、無事ニ帰り候也《なり》、坂ニテドロドロ聞候よし」と記されています。このようなことから、本地震の震央は愛宕山からそう遠くない場所ではないかと考えられます。

㊜大邑潤三「文政京都地震（1830）による被害と起震断層の再検討」

地震

## 67 愛宕参詣道の茶屋

愛宕《あたご》神社に参詣する参詣道は、起点となる一の鳥居（右京区嵯峨鳥居本《さがとりいもと》）から山頂まで50町あり、1町毎に茶屋があったようです。『宝暦現来集《ほうれきげんらいしゅう》』巻之十九によると、**文政《ぶんせい》の地震**（1830）による被害があり、「潰家《つぶれや》抔《など》にて右五十町の内茶屋三軒、其外《そのほか》は無之《これなし》」といった状態だったようです。これらの茶屋は昭和4年（1929）の愛宕山鉄道の敷設などに伴い移転しており、現在は参道の所々に残る石垣がその面影を残すのみです。

**参 大邑潤三「文政京都地震（1830）による被害と起震断層の再検討」**

## 火災 68 清涼寺

嵯峨《さが》釈迦《しゃか》堂とも称される清涼寺《せいりょうじ》も何度かの火災にあっています。『清涼寺縁起』によると、鎌倉時代の建久《けんきゅう》元年（1190）に回禄《かいろく》（回禄とは中国の火の神の名で転じて火災を表す）しており、建保《けんぽう》5年（1217）（一説に翌年とも）にも焼失して、栂尾《とがのお》の明恵《みょうえ》などの尽力により復興しました。応仁《おうにん》の乱の際、釈迦堂は焼失を免れましたが、山門、多宝塔、五大堂などが焼失しました。17世紀初頭には豊臣秀頼《とよとみひでより》により再建されましたが、寛永14年（1637）の嵯峨大火により本堂など多くの伽藍《がらん》が炎上しました。現在の伽藍は文久《ぶんきゅう》3年（1863）に整備されたものです。

**参 平凡社『日本歴史地名大系 京都市の地名』、京都市埋蔵文化財研究所・京都市考古資料館リーフレット京都 No.282「嵯峨の釈迦堂」**

## 地震 火災 69 天龍寺

美しい庭園で知られる天龍寺《てんりゅうじ》も実は多くの災害によって被災しています。『甲子夜話《かっしやわ》』続篇巻之五十三によると、**文政《ぶんせい》の地震**（1830）により天龍寺はところどころ破損したようです。また『浮世《うきよ》の有様《ありさま》』巻之三は「嵐山も裂け、天龍寺の上の山も同様で、平地も所々裂けたようだ。家蔵の破損は数えられない」と記しています。火災も多く中世には6回焼失しており、**慶長伏見地震《けいちょうふしみ》**（1596）でも倒壊し、江戸時代には文化12年

（1815）と**元治《げんじ》の大火**（1864）で2回焼失しています。元治の大火では薩《さつ》摩《ま》軍によって長州《ちょうしゅう》軍が本陣としていた天龍寺に火がかけられました。現在の建物の多くは明治後期以降のものです。

参『日本歴史地名大系　京都市の地名』

風水害

## 70 渡月橋

**明治の水害**（1885）により渡月橋《とげつきょう》が流失しました。同年7月5日の『日出《ひので》新聞』によると、旧下嵯峨《さが》村では2日の正午に桂《かつら》川が溢《あふ》れて床上70㎝浸水し、渡月橋も大小ともに流失したとのことです。桂川に架かる橋はことごとく流失し、しばらくは舟で人を渡しました。なお同新聞の明治22年と40年の記事にも桂川が増水し渡月橋が流失したと記されています。

地震

## 71 戸無瀬の滝

歌枕で有名な戸無瀬《となせ》の滝も**文政《ぶんせい》の地震**（1830）によって被害が発生したようです。『甲子夜話《かっしやわ》』続篇巻之五十三には「戸無瀬の滝の山手が崩れ、景色が損なわれた」とあります。この滝は角倉了《すみのくらりょう》以《い》による保津《ほづ》川の開削により大部分が削られたといわれ、明治以降の山の整備工事などによってかつての姿は失われました。

参**大邑潤三「文政京都地震（1830）による被害と起震断層の再検討」**

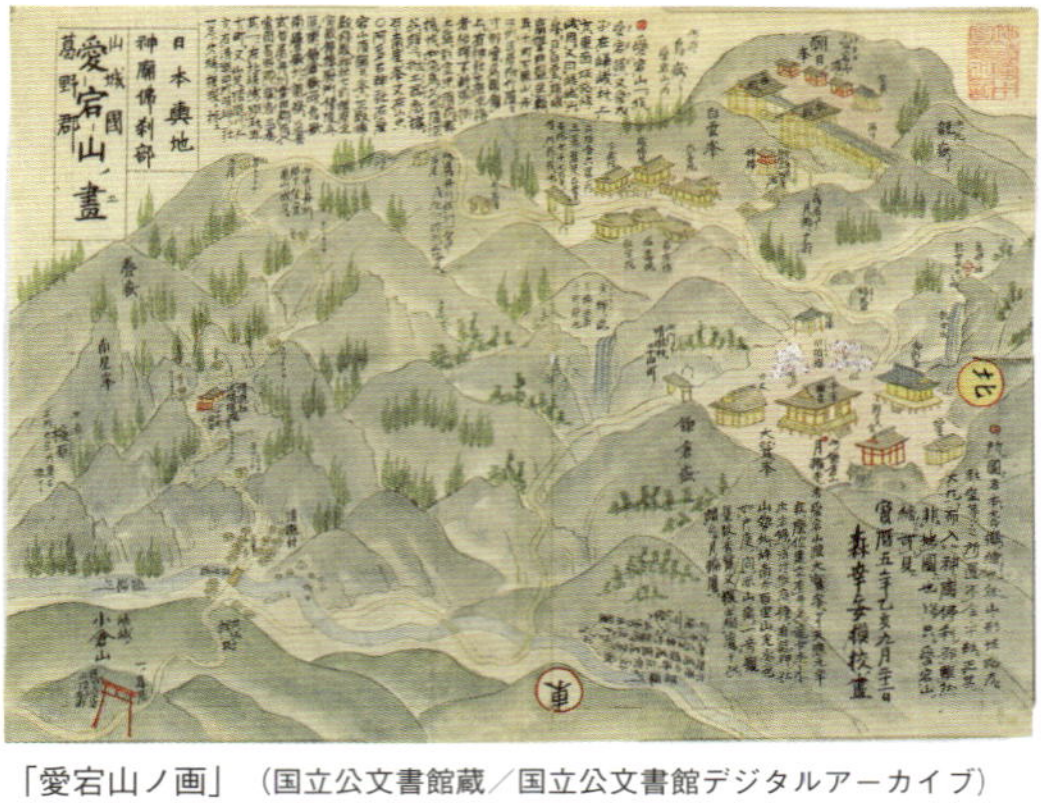


「愛宕山ノ画」（国立公文書館蔵／国立公文書館デジタルアーカイブ）

Column 4

# 桂離宮の水害対策

桂《かつら》離《り》宮《きゅう》は後陽成《ごようぜい》天皇の弟である八条《はちじょう》宮智仁親王《のみやとしひとしんのう》（１５７９-１６２９）により元和《げんな》元年（１６１５）ごろから整備されたと考えられています。この場所は桂川が形成した自然堤防や旧河道《かどう》に位置しており、旧河道を利用して庭園の池などがつくられていると思われます。このような地形から桂離宮はたびたび水害にあっており、対策がほどこされています。

敷地の周囲には生け垣が巡らされていますが、これは「桂垣」と呼ばれ、地面から生えている生きた竹（淡竹《はちく》）をそのまま折り曲げて、穂先を垣根に編み込んで作られています。桂垣は垣根に沿って植えられているケヤキや真竹とともに洪水時にフィルターの役割を果たし、土砂や流木が敷地内に入るのを防ぎつつ、竹の弾力によって洪水の水勢が弱められるようになっているようです。

また古書院や中書院、新御殿などの建物は高床式にして、ある程度の浸水であれば床上まで水がこないようになっています。一方で松琴亭《しょうきんてい》茶屋には浸水の痕跡が残っています。土壁表面が上方で異なる色になっており、いつのものかわからないが洪水の痕跡とのことです。

明治36年（１９０３）7月10日と11日の『京都日出《ひので》新聞』の記事に、桂村の水防活動と桂離宮の被害記事が掲載されています。旧桂村付近の桂川は４ｍ以上増水し、桂離宮側の堤防が決壊する危険がありました。11日の記事には「桂離宮無事」の見出しが出て詳細が記載されています。これによると桂離宮の東北に接する堤防はかねてから危険であるとして大修理をしていたようですが、この部分が決壊すると桂離宮が流失するため、警戒中であった主殿寮《しゅでんりょう》（当時の宮内省の部局）の役人が人夫を招集し、また桂警察署は桂村民１５０名を徴発して徹夜で堤防を守らせたため無事であったようです。しかし桂離宮の最も低い場所にある松琴亭は床下浸水したとあります。

桂離宮は桂川のすぐそばに立地することから、たびたび水害を経験したと考えられます。しかし荒廃せずに現代に残ったのは、それらの経験を生かしさまざまな対策がとられ、また地域住民の努力によっても守られてきたからかもしれません。

参 川崎一朗ほか「桂離宮とその周辺の水害リスク」

桂垣

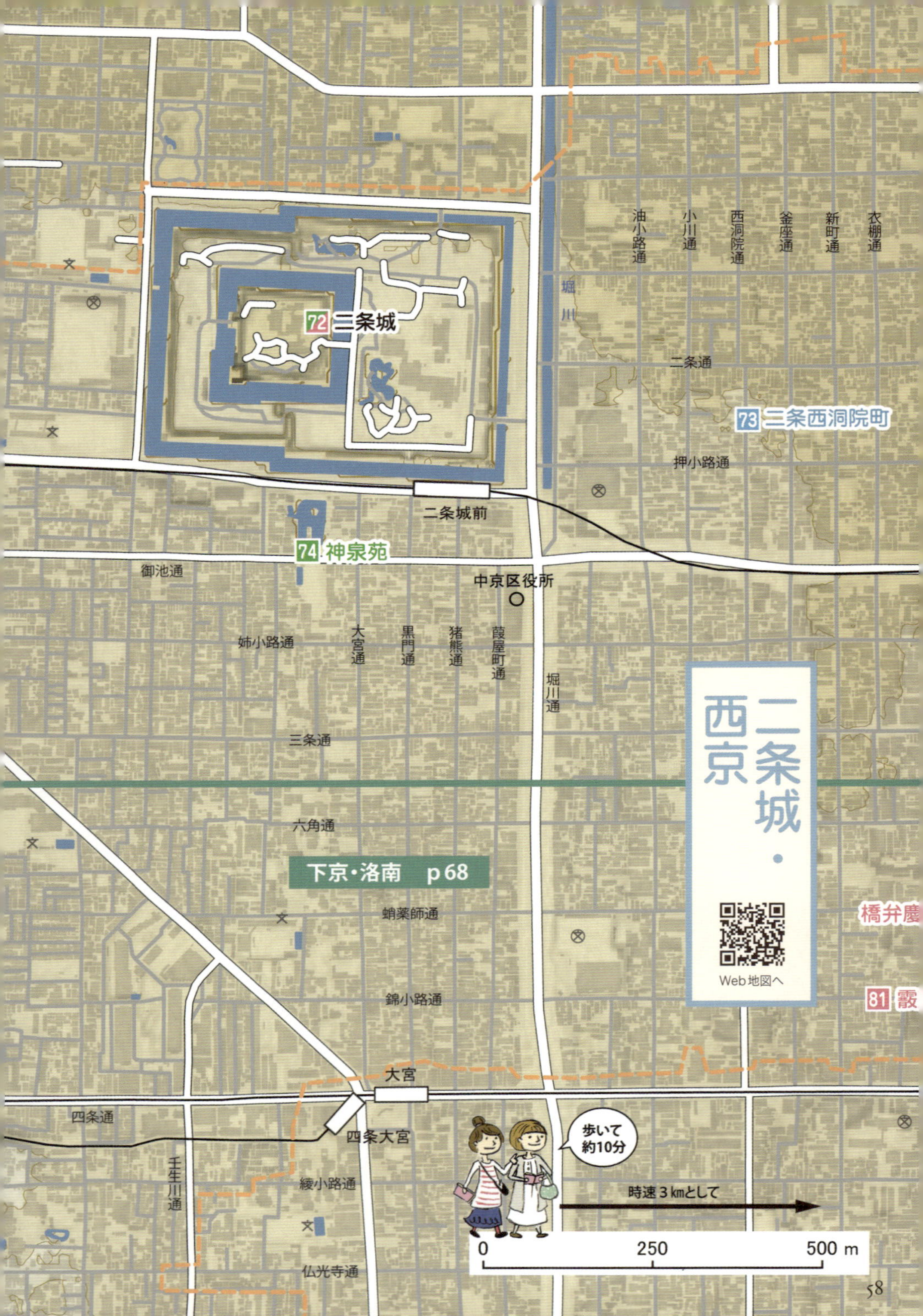
二条城・西京
72 二条城
73 二条西洞院町
74 神泉苑
二条城前
中京区役所
油小路通
小川通
西洞院通
釜座通
新町通
衣棚通
堀川
二条通
押小路通
御池通
姉小路通
大宮通
黒門通
猪熊通
葭屋町通
堀川通
三条通
六角通
下京・洛南　p 68
蛸薬師通
錦小路通
大宮
四条通
四条大宮
壬生川通
綾小路通
仏光寺通
橋弁慶
81 霰
歩いて約10分
時速3㎞として
0
250
500 m
Web地図へ

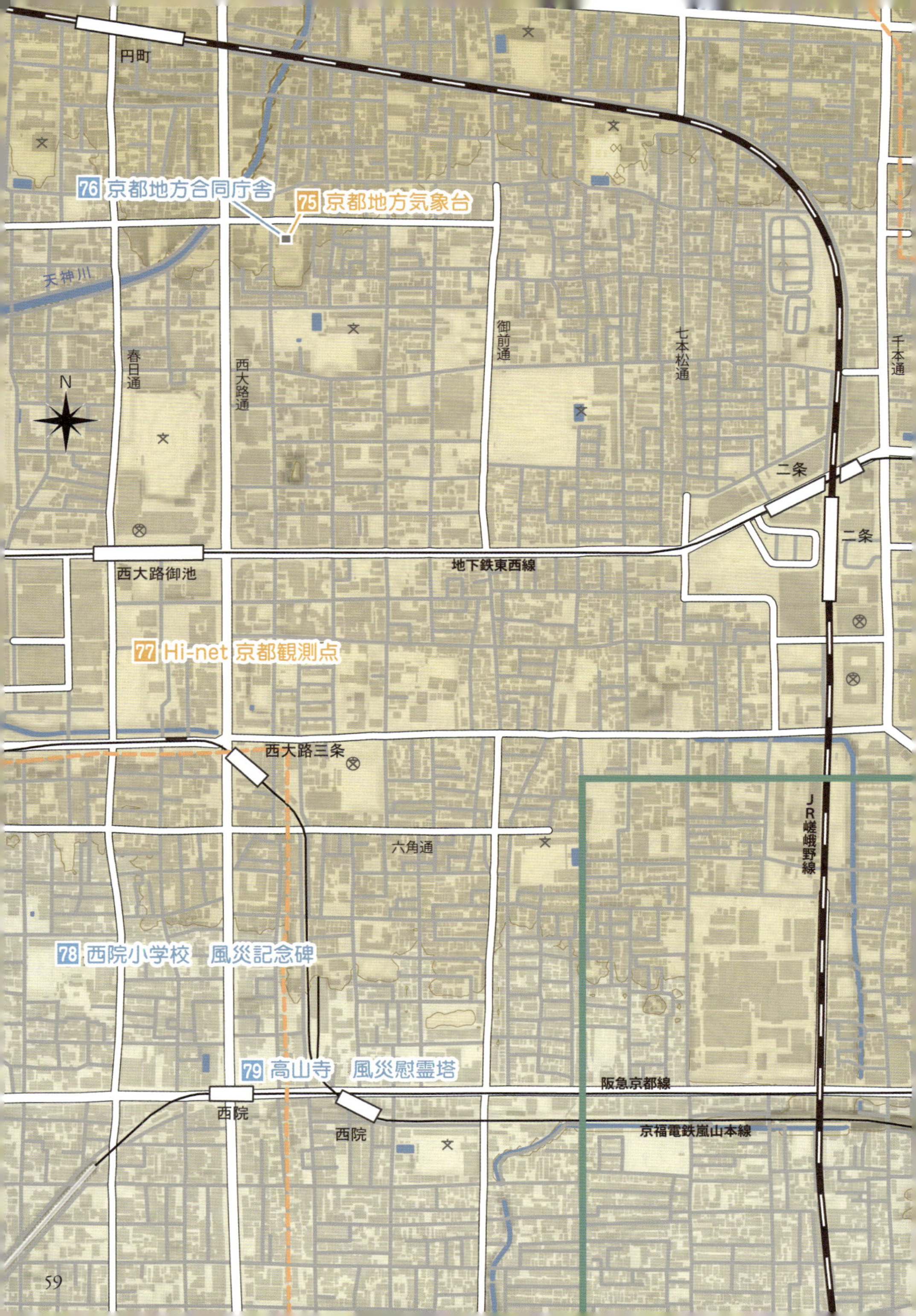
円町
76 京都地方合同庁舎
75 京都地方気象台
天神川
春日通
西大路通
御前通
七本松通
千本通
N
二条
二条
西大路御池
地下鉄東西線
77 Hi-net 京都観測点
西大路三条
六角通
JR嵯峨野線
78 西院小学校　風災記念碑
79 高山寺　風災慰霊塔
阪急京都線
西院
西院
京福電鉄嵐山本線

PICK UP

72

# 二条城

二条城は徳川家康《とくがわいえやす》によって建てられた城で、板倉勝重《いたくらかつしげ》を奉行として慶長《けいちょう》7年（１６０２）に着工し翌8年に竣工《しゅんこう》（工事完了）しました。着手にあたって予定地の家屋数千軒を立ち退かせ、神泉苑《しんせんえん》の敷地を組み込んで池を堀に転用したといわれます。寛永《かんえい》元年（１６２４）には大規模な改修がおこなわれ、城域は西に拡大して現在の規模になりました。その後、幾度も災害にあっており、**寛文《かんぶん》の地震**（１６６２）のほか、寛文3年（１６６３）、同5年にも地震に見舞われ石垣が崩れたようです。また寛延《かんえん》3年（１７５０）には雷火によって天守閣が焼失し、以降は天守は再建されませんでした。さらに**天明《てんめい》の大火**（１７８８）では本丸御殿や櫓《やぐら》などが焼けてしまい、寛永期の建物で残っているのは二《に》之《の》丸《まる》御殿のみとなっています。

参 京都市元離宮二条城事務所編『重要文化財二条城修理工事報告書 第7集（本丸御殿玄関）』

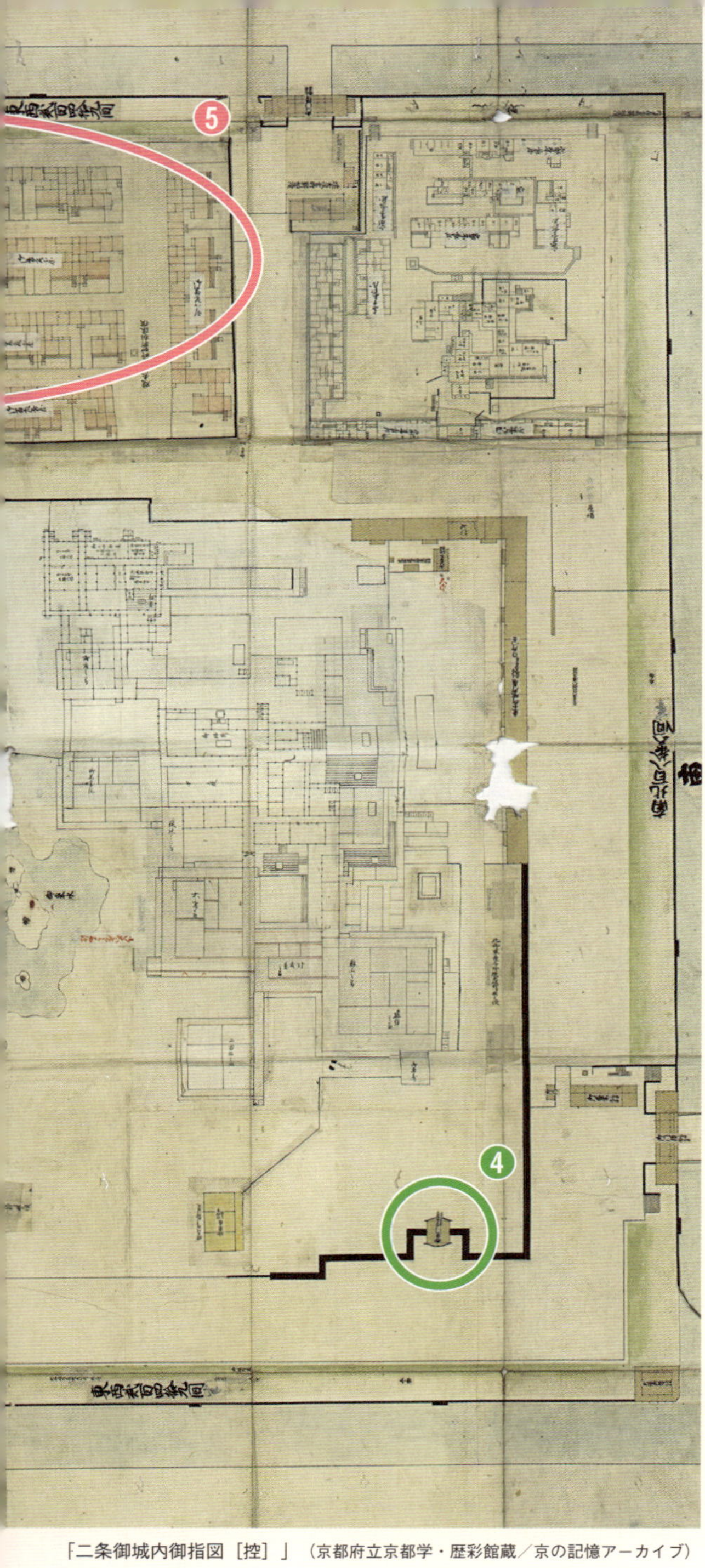


「二条御城内御指図［控］」（京都府立京都学・歴彩館蔵／京の記憶アーカイブ）

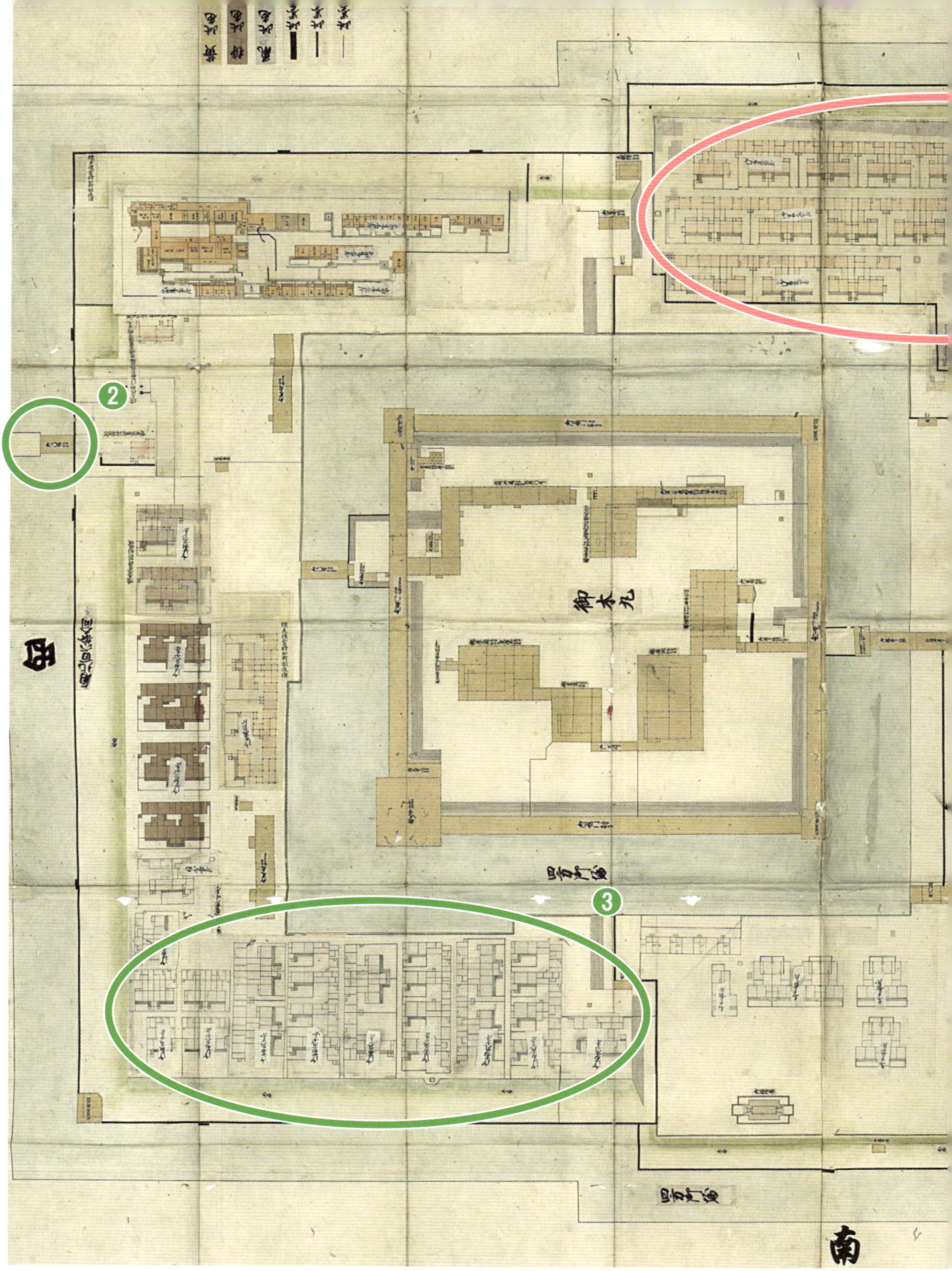
2
御本丸
3
南

西御門

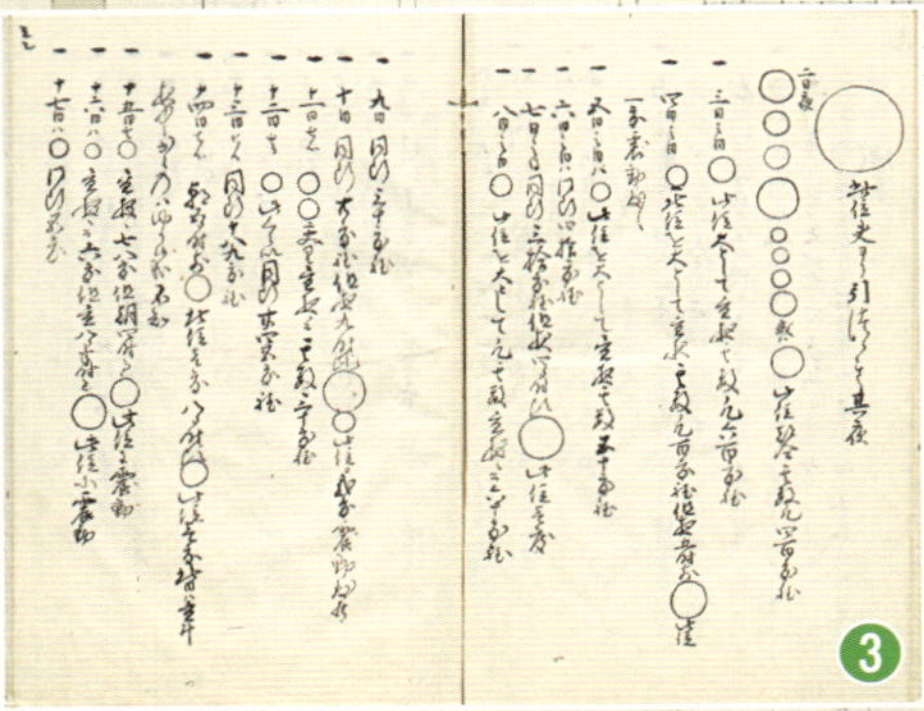

『天保雑記』廿三（国立公文書館蔵／国立公文書館デジタルアーカイブ）

## ① 液状化

地震

**文政《ぶんせい》の地震**（1830）のとき、二条城では液状化が発生したようです。『甲子夜話《かっしやわ》』続篇巻之四十九には「壱尺《いっしゃくばかり》斗地破《ちわれ》、其《その》われより砂吹出、一時斗《いっときばかり》黒煙に相成《あいなり》、実に恐敷事《おそろしきこと》に御坐候《ござそうろう》」とあります。泥水の黒い水しぶきが勢いよく吹き出し、黒煙のように見えたのでしょうか。

→【コラム9】地震と液状化現象　121頁

## ② 塀・石垣

地震

二条城の塀や石垣も**文政《ぶんせい》の地震**（1830）で崩れています。『**浮世《うきよ》の有様《ありさま》**』巻之三は西御門の下の石垣が10m以上にわたって堀の中に崩れ込み、崩れる音は雷のようだったと記しています。また同所の石垣が90cmほど地中へ揺り込んだともあります。南側の石垣も全体的に20cmほど揺り込み、石垣の途中で所々石が飛出ていたようです。また高塀《たかべい》が倒れたため城内が丸見えになっていたようで、『**文政雑記《ぶんせいざっき》**』は土塀や石垣が外堀にたおれて水が溢《あふ》れ出たために、所司代《しょしだい》屋敷の前の通りが浸水して通行できないほどであったと記しています。

## ③ 番衆小屋

地震

二条城内には二条在番《ざいばん》として江戸からやってくる旗本《はたもと》の家来たちが住む、東西の番衆《ばんしゅう》小屋がありました。『宝暦現来集《ほうれきげんらいしゅう》』巻之十九や『甲子夜話《かっしやわ》』続篇巻之五十三に所収されている**文政の地震**（1830）での二条城の破損を記した記録には、東番衆小屋49軒のうち3軒ほどが倒壊に近い大破の状況で、そのほかの小屋も大破したとあります。西番衆小屋はそれよりも被害が大きく、49軒のうち2軒が倒壊し15軒ほどが倒壊に近い大破、残りも屋根などが大破したようです。西番衆小屋は盛土の厚い二条城の南側にあたっており、大きく揺れた可能性があります。南面

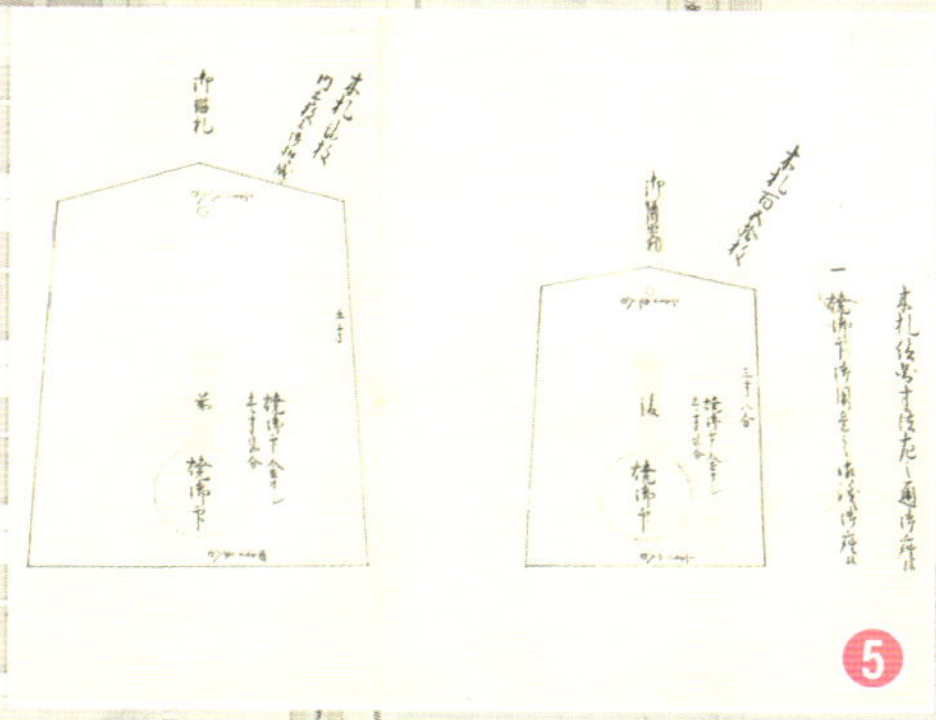

「御城内出入札御鑑札札等絵図」（京都大学附属図書館蔵　中井家絵図・書類／京都大学貴重資料デジタルアーカイブ）

と西面の石垣が地中に揺り込んだとの記録もあり、地面ごと動いたのかもしれません。また**天明《てんめい》の大火**（1788）で西方は焼け残っており、建物が古かった可能性もあります。いずれにしても西側の被害が大きかった理由は不明です。

こうした番衆小屋に住んだ番士たちが書いたと思われる、余震の記録が残っています。この記録は『**天保雑記《てんぽうざっき》**』や『**視聴草《みききぐさ》**』（民基々郡散）三集の十所収の「万歳楽記」（いずれも国立公文書館所蔵）に見られ、余震の大きさを〇の大きさで表しています。いまでいう震度のような考え方をしていて興味深い史料です。

参 **北原糸子ほか「文政京都地震」、大邑潤三ほか「京都天明大火における大名火消の実態」、服部健太郎ほか「1830年京都地震史料における、余震活動減衰式の当てはめるデータ範囲に関する考察」**

## 地震 ④ 唐門

**文政《ぶんせい》の地震**（1830）の際、二の丸御殿唐門《ごてんからもん》は門自体に被害はありませんでしたが、『甲子《かっし》夜話《やわ》』続篇巻之五十三によると門を閉じるための閂《かんぬき》が折れ屋根瓦などが外れたとの記録が残っています。閂が折れるほど震動が大きな力であったことがわかります。

## 火災 ⑤ 二条城の防火

**天明《てんめい》の大火**（1788）に出動した亀山藩（現亀岡市）の松平信道《まつだいらのぶみち》は、まず二条城に向かいました。京都の大名火消《ひけし》は市街の防火よりも二条城や御所の防火が優先されたようです。非常時であっても幕府の城に大名が家臣（火消人足）を連れて入るためには大番頭《おおばんがしら》の許可と火消に任命された事を証明する鑑札《かんさつ》が必要でした。このときは鑑札が遅れていましたが柔軟な対応がなされ、人数を控えたうえでの入城が許されました。入城して防火にあたりましたが、北西側から入った火によって本丸の建物と東番衆小屋のほとんど、西番衆小屋14軒が焼失し深夜0時頃に鎮火しています。

参 **大邑潤三ほか「京都天明大火における大名火消の実態」** → 86 亀山稲荷神社（亀山藩邸跡）、【コラム2】天明の大火における松平信道の活躍 39頁

## 73 風水害 二条西洞院町

貞和《じょうわ》5年（1349）6月の豪雨で、堀川小路《こうじ》・西洞院大路《にしのとういんおおじ》付近で洪水が発生しました。片平博文《かたひらひろふみ》氏は、鴨川や桂川などの「主要河川が直接的な影響を及ぼしていない洪水の実態を空間的に把握することは、河床《かしょう》低下以降の平安京・京都における都市水害の本質を究明する上で、きわめて重要な意味を持つ」として、この洪水を詳細に検討し、「十二日正午頃の浸水の実態は、すでに堀川や小川（おがわ／こかわ）の上流部から大量の水が供給されてくるような段階のものではなく、むしろそれが一段落し、大炊御門大《おおいみかどおお》路《じ》以南の下流部における排水不良によって大量の水が滞留しているといった状況にあったもの」という結論を導きました。近年の洪水でも内水氾濫《はんらん》が見られ、主要河川の洪水だけでなく、中小の河川や用水路からの浸水にも備える必要があります。中小河川や水路は暗渠《あんきょ》になっている場合も多く、日常の風景から見落としていると、思いがけないところから水があふれてくるような場合もあります。

**参 片平博文「貞和五年（1349）における堀川および鴨川の洪水」**

## 74 地震 神泉苑

貞観《じょうがん》11年（869）、神泉苑《しんせんえん》にてのちの祇園祭の起源とされる御霊会《ごりょうえ》がおこなわれました。同じ年に東北地方で貞観地震が発生しており、この御霊会は貞観地震と関係があるという説があります。

**参 尾池和夫「祇園祭と貞観地震」**

## 75 防災・学習 京都地方気象台

注意報・警報や気象情報の発表といった防災業務、天気予報業務、それらを支える観測業務をおこなっているのが京都地方気象台です。前身となる「観象台」（のちに「京都府測候所」）が明治13年（1880）に京都御苑《ぎょえん》内に設置され、大正2年（1913）に現在地に移転されたそうです。地震計、計測震度計（震度情報では「京都中京区西ノ京」）なども設置されています。

最近では、桜の開花の判断などでメ

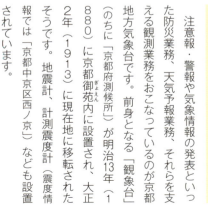

ディアに登場することもありますが、地道な観測、そのデータの分析や解釈、それを予報や警報・注意報の形でわかりやすく伝える、といった仕事は広く知られてよいと思います。出前講座や見学も受け付けているとのことです。

風水害

## 76 京都地方合同庁舎

京都地方気象台の敷地に京都地方合同庁舎が建てられることになり、発掘調査がおこなわれました。報告書によれば、西堀川小路《こうじ》（平安時代前期）と御土居《おどい》（桃《もも》山《やま》時代）が検出されたそうです。この西堀川小路と御土居の基底部の間には、約2・5mの厚さで砂礫《されき》層が堆積していたとのことです。この砂礫層は、平安時代中期以降、中世にかけて大雨のたびに西堀川（紙屋川）が何度も氾濫《はんらん》して、上流から運んできた土砂が堆積したものと推定されています。洪水のあった場所に、都の防衛と洪水への備えとして堤防としての御土居が築かれたというのは合理的にも思えます。そして、いまその場所に気象や地震の観測や情報発信を担う気象台が建っています。

参 京都市埋蔵文化財研究所編『京都市埋蔵文化財研究所発掘調査報告 2012-25 平安京右京二条二坊十一町・西堀川小路跡、御土居跡』

防災・学習

## 77 Hi-net 京都観測点

中京区の三条坊町公園には、国立研究開発法人 防災科学技術研究所（防災科研）が運用する高感度地震観測網（通称Hi-net＝ハイネット）の観測点があります。700mほどの深い穴を掘って、その底部に地震計が設置されています。「高感度」の地震観測というのは、人が感じないような小さな地震の揺れまで観測できるということだと考えてください。このような観測点が全国に700か所以上あ

ります。

↓【コラム1】地震をどうはかる？ 22頁

風水害

## 78 西院小学校　風災記念碑

**室戸《むろと》台風**（1934）のとき、淳和《じゅんな》小学校（現京都市立西院《さいいん》小学校）では校舎が倒壊し、1年生32名と訓導《くんどう》（教諭）が犠牲になりました。犠牲になった松浦壽恵子訓導は1人の女児を抱きかかえたまま絶命し、女児は無傷で無事であったそうです。校庭には「風災記念碑」が建っており、被害が発生した9月21日を毎年学校風災記念日と定め、防災行事をおこなっています。

㊟植村善博「室戸台風による京都市とその周辺の学校被害と記念碑」

風水害

## 79 高山寺　風災慰霊塔

**室戸《むろと》台風**（1934）による淳和《じゅんな》小学校（現京都市立西院《さいいん》小学校）の犠牲者32名の「風災慰霊塔」が高山寺《こうさんじ》にあります。慰霊塔は一周忌に建立されたもので、以降高山寺ではたびたび年忌法要が営まれています。

㊟植村善博「室戸台風による京都市とその周辺の学校被害と記念碑」

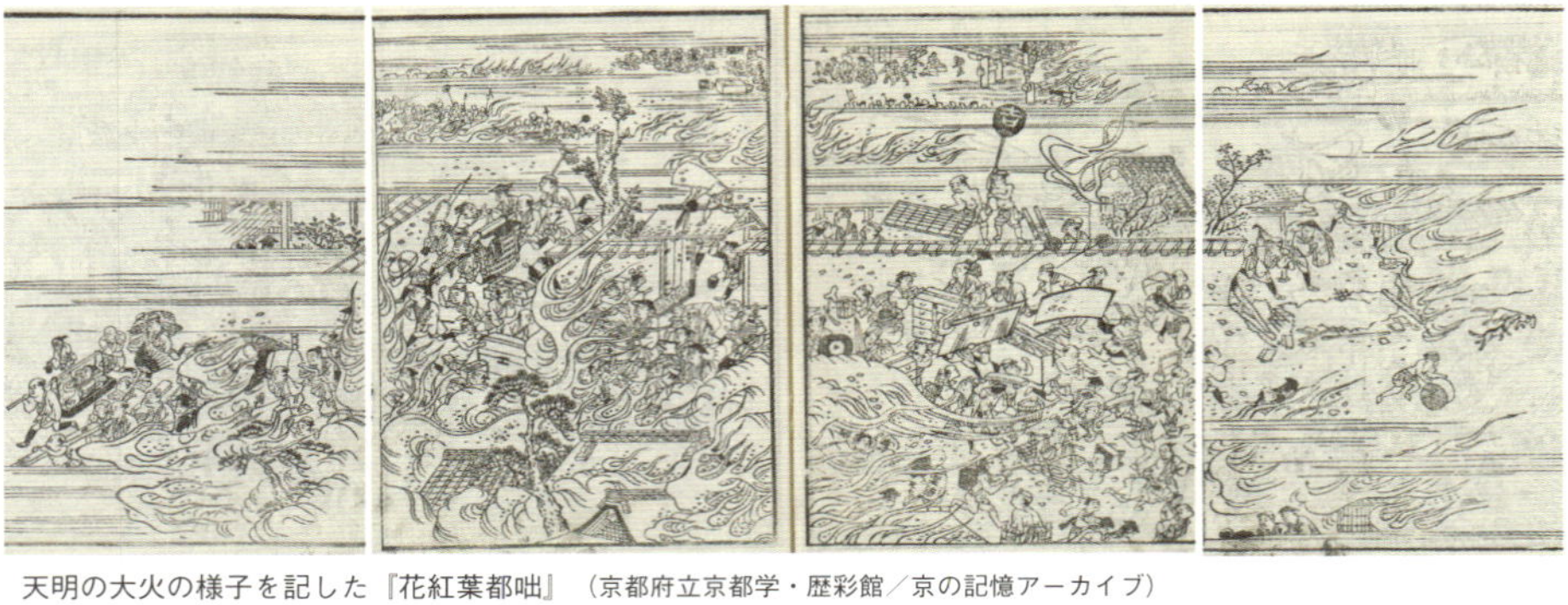

天明の大火の様子を記した『花紅葉都咄』（京都府立京都学・歴彩館／京の記憶アーカイブ）

Column 5

# デジタルアーカイブの利用

本書では、過去に発生した災害について紹介していますが、その説明のうちのかなりの部分は、むかしの人々が書き残した文書《もんじょ》に書かれた内容をもとにしています。これらの文書は、たとえば京都府立京都学・歴彩館《れきさいかん》や京都市歴史資料館などに原本や写しが保管されています。大学等の図書館に保管されているものもあります。通常、これらの文書を閲覧するには、所蔵館に行き、一定の手続きをすることになります。調査や研究目的などに限って閲覧できる場合もありますし、文書の状態や種々の条件により閲覧できないものもあります。

これらの文書をまとめて保存・管理する施設や機関をアーカイブといいます。さらにこれを電子化しインターネット等で検索できるようにしたものがデジタルアーカイブです。

京都周辺で有名かつ便利に閲覧できるもののひとつに「**東寺百合文書**《とうじひゃくごうもんじょ》」があります。「東寺百合文書」は京都学・歴彩館が所蔵している史料です。これをインターネットで閲覧できるのが、「東寺百合文書WEB」(https://hyakugo.kyoto.jp/)です。表題や年代・キーワードによる検索などもできます。「クリエイティブコモンズ 表示2・1日本 ライセンス」というライセンス形態で公開されており、同ウェブサイトのコンテンツを利用している旨を明記すれば、自由に閲覧、利用ができます。文字の雰囲気が気に入った書状を、Tシャツや何かのデザインに利用する、などということもできます(ただし、雰囲気だけでなく、文書の内容を把握されてから利用されることをおすすめします。また、改変した場合には、明示が必要です)。インターネットが苦手という方も、歴彩館にいけば、端末で検索・閲覧ができます。

2017年には京都大学貴重資料デジタルアーカイブが公開されました(https://rmda.kulib.kyoto-u.ac.jp/)。京都大学でも以前から所蔵する資料を画像で公開していたのですが、公開対象が広がり、閲覧や検索のシステムもさらに便利になりました。江戸時代の京都や周辺地域の地図などもあります。

本書では、デジタルアーカイブを活用することを心掛けました。画像などの利用がしやすいということも理由ですが、それ以上に、本書を手にとっていただいた方が、さらに知りたいあるいは原本を確認したいと思われたときに、容易にアクセスできるというメリットがあると考えたからです。今後もデジタルアーカイブによる資料の公開と、その利用が進むことを期待しています。デジタルアーカイブを使って、おもしろい資料をみつけたり、楽しい利用法を思いついたら、ぜひ教えてください。

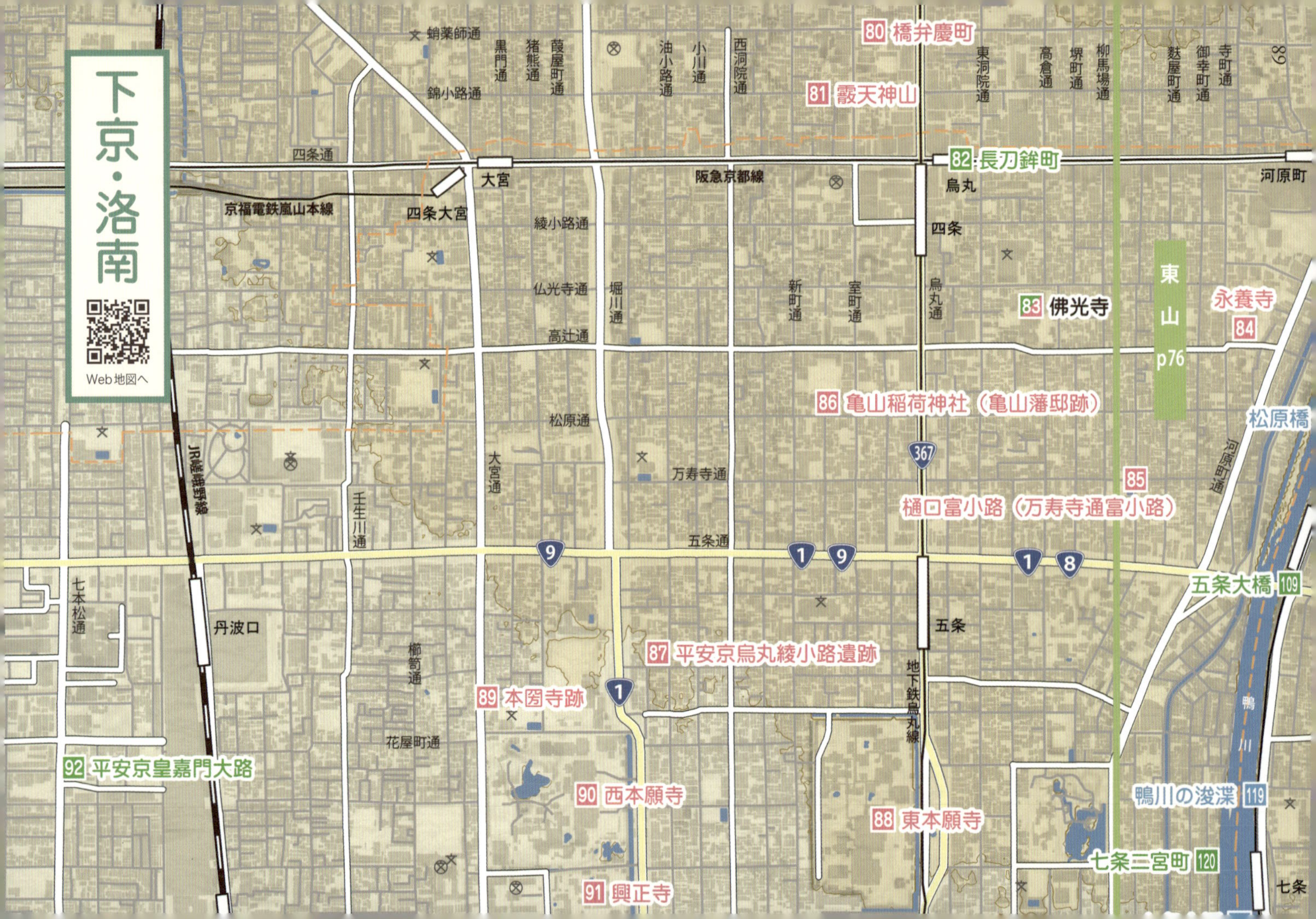
下京・洛南
Web地図へ
80 橋弁慶町
81 霰天神山
82 長刀鉾町
83 佛光寺
84 永養寺
85 樋口富小路（万寿寺通富小路）
86 亀山稲荷神社（亀山藩邸跡）
87 平安京烏丸綾小路遺跡
88 東本願寺
89 本圀寺跡
90 西本願寺
91 興正寺
92 平安京皇嘉門大路
109 五条大橋
119 鴨川の浚渫
120 七条二宮町
東山 p76
松原橋
蛸薬師通
錦小路通
黒門通
猪熊通
葭屋町通
油小路通
小川通
西洞院通
東洞院通
高倉通
堺町通
柳馬場通
麸屋町通
御幸町通
寺町通
四条通
大宮
四条大宮
京福電鉄嵐山本線
阪急京都線
烏丸
四条
河原町
綾小路通
仏光寺通
堀川通
高辻通
新町通
室町通
烏丸通
松原通
大宮通
万寿寺通
河原町通
壬生川通
五条通
JR嵯峨野線
七本松通
丹波口
五条
櫛笥通
地下鉄烏丸線
花屋町通
鴨川
七条

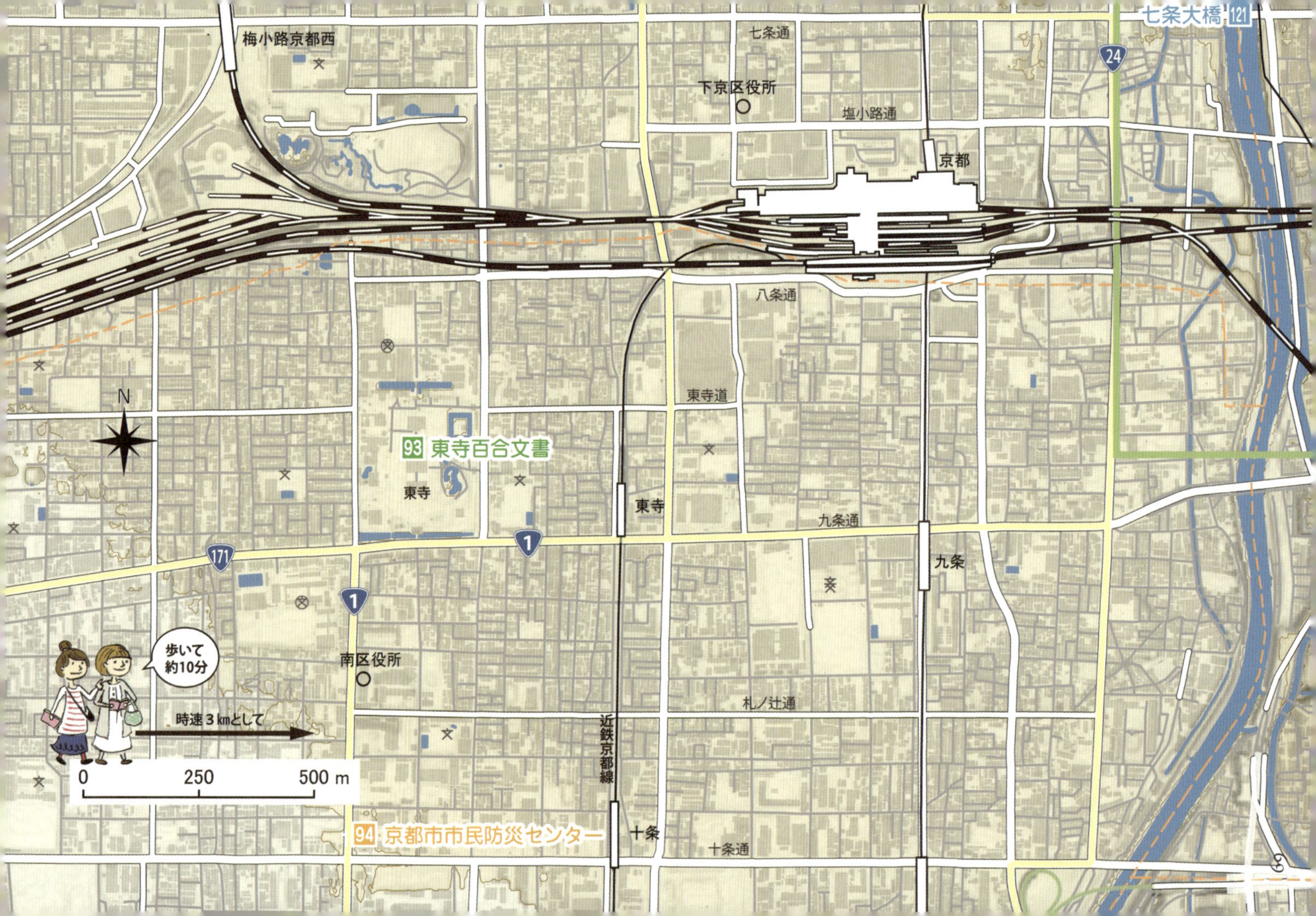

梅小路京都西
七条通
下京区役所
塩小路通
京都
七条大橋
121
24
八条通
東寺道
93 東寺百合文書
東寺
東寺
九条通
九条
171
1
1
南区役所
札ノ辻通
近鉄京都線
N
歩いて
約10分
時速 3 kmとして
0
250
500 m
94 京都市市民防災センター
十条
十条通

## 火災 80 橋弁慶町

祇園祭で巡行《じゅんこう》する山鉾《やまほこ》のひとつ橋弁慶《はしべんけい》山《やま》は、牛若丸と弁慶の対決が題材となったものです。2014年から復活した後《あと》祭《まつり》のくじ取らずの1番目で巡行します。**元治《げんじ》の大火**（1864）の際に京都市中で火災が発生し、橋弁慶町を含む山鉾町も被災しました。このときの被害状況や対応に関する一連の文書《もんじょ》があります。後祭で巡行する山鉾を代表して、被害状況を取りまとめたそうです。また、この火災を「子年火《ねどしの》災」とし、150年以上前の宝永《ほうえい》5年（1708）の火災を思い返すような文書もあります。

この橋弁慶山を出す中京区の橋弁慶町に保管されてきた文書は、「橋弁慶町文書電子化プロジェクト」によってテキスト化されています。地域の生活や文化を知ることができる文書が大切に保管されてきたこと、そして地域発の取り組みとして文書の内容を公開されたことに敬意を表します。災害は、地域の生活や文化のひとつの側面に過ぎませんが、歴史災害研究も地域の史料を大切にする活動の後押しになればと考えています。

参 **那須明夫『橋辨慶町　帳箱の犇く文書』**

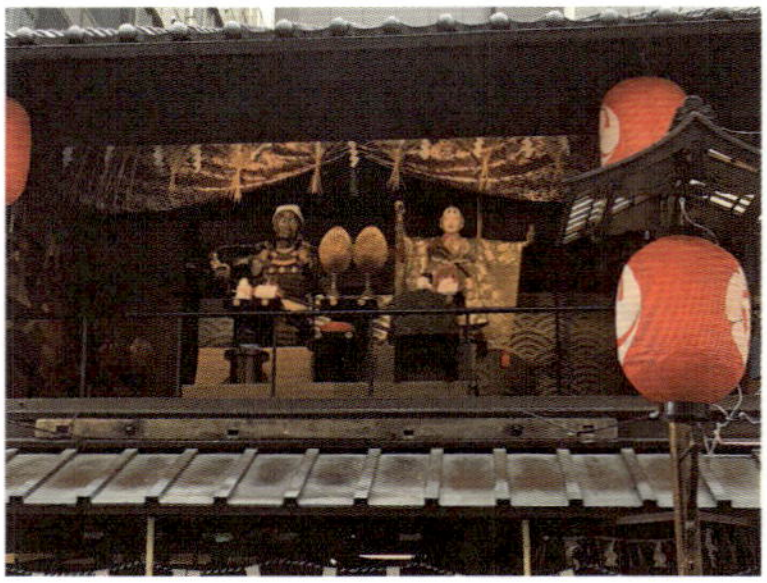

## 火災 81 霰天神山

祇園祭の霰天神山《あられてんじんやま》は永正《えいしょう》年間（1504～1521）の京都の大火のとき、急に霰が降って火が消え、そのときに降ってきた小さな天神像を火除《ひよけ》の神として祀《まつ》ったものと伝えられています。**天明《てんめい》の大火**（1788）や**元治《げんじ》の大火**（1864）でも焼失を免れており、宵山《よいやま》では雷除け、火除けのお守りが授与されます。

天明の大火や元治の大火では多くの山鉾《やまほこ》が焼失しており、天明の大火の様子を記した『**花紅葉都咄《はなもみじみやこばなし》**』の中巻には「焼失の山鉾左のごとし」として、函谷《かんこ》鉾《ほこ》、蟷螂山《とうろうやま》、占出山《うらでやま》、郭巨山《かっきょやま》、船鉾《ふねほこ》、菊《きく》水鉾《すいほこ》、観音山《かんのんやま》の名が挙がっています。元治の大火でも多くの山鉾が焼失しており、翌年の慶応《けいおう》元年（1865）は後祭《あとまつり》の2基のみ（1基は唐櫃《からびつ》で参加）が巡行しました。その後明治になって次第に再建されていきましたが、大船鉾《おおふねほこ》や鷹山《たかやま》など近年になってやっと復活したり、復活の動きをみせはじめた山鉾もあります。

参 伊藤節子「近代における祇園祭山鉾巡行の継続に関する考察」

## 82 地震 長刀鉾町

**文政《ぶんせい》の地震**（1830）の発生日の夕方に長刀鉾町《なぎなたほこちょう》では祇園祭に関する勘定をしていたようです。鉾を預かっている家に集まり、酒などを飲みながら作業をしていましたが、この日は特に耐え難い暑さであったため、風呂に入り夕食を食べて、夜に入り涼しくなってから作業の続きをすることにしました。各自家に帰り風呂にも入らないうちに地震が発生し、長刀鉾の蔵が倒壊したといいます。もし

今しばらく蔵にいたら一人も助からなかっただろうと『**浮世《うきよ》の有様《ありさま》**』巻之三は結んでいます。このとき筆者の知人がこの蔵の4軒隣の宿に滞在していたようで、この蔵が隣家に倒れかかり、その隣家の蔵がさらに隣家に倒れかかったといいます。人家が密集する京都の中心街ではこのようにして被害が拡大したのかもしれません。なお長刀鉾の道具は微塵《みじん》に砕けたと記しており、『祇園祭山鉾巡行史：平成版（第5版）』によれば、次の年の天保《てんぽう》2年の祇園祭では、長刀鉾は鉾を出さずに長刀を唐櫃《からびつ》に入れて参列したようです。

参 福井貫二『祇園祭山鉾巡行史：平成版（第5版）』

## 83 火災 地震 佛光寺

真宗佛光寺《ぶっこうじ》派の本山で、本尊は阿弥陀《あみだ》如来《にょらい》、親鸞《しんらん》が開基したとされるお寺です。応仁《おうにん》2年（1468）には兵火で焼失、**慶長《けいちょう》伏見《ふしみ》地震**（1596）で諸堂舎が倒壊しています。さらに**文政《ぶんせい》の地震**（1830）では土蔵が崩壊し仏光寺通の通行を止めたそうです。**天明《てんめい》の大火**（1788）では、高辻《たかつじ》通を西に焼け抜けた火により、大善院・唐門・茶所・御影堂《ごえいどう》・阿弥陀堂などが焼失しました。**元治《げんじ》の大火**（1864）でも炎上しています。

参 吉川弘文館『国史大辞典』、大邑潤三ほか「京都天明大火における大名火消の実態」、西山昭仁「文政京都地震（1830年）による京都盆地での被害評価」

## 84 火災 永養寺

浄土宗の寺院で山号《さんごう》は称名山、本尊は

阿弥陀如来《あみだにょらい》です。もとは下京区永養寺《えいようじ》町《ちょう》にありましたが豊臣秀吉《とよとみひでよし》の命によってこの地に移ったといいます。**天明《てんめい》の大火**（1788）のとき、鴨川左岸《さがん》の団栗辻子《どんぐりのずし》から出火した火は、川を越えて永養寺に燃え移りました。大火を記録した『**花《はな》紅葉都咄《もみじみやこばなし》**』によれば、朝の5～6時頃に本堂の破風《はふ》（屋根の部位）に燃え移り、さらに南隣の浄国寺へ移って藪《やぶ》の下《した》通（高辻《たかつじ》通）を西へ焼け抜けたといいます。

㊜平凡社『日本歴史地名大系　京都市の地名』、大邑潤三ほか「京都天明大火における大名火消の実態」

## 火災 85 樋口富小路（万寿寺通富小路）

『方丈記《ほうじょうき》』にも描かれた安元《あんげん》の大火（安元3年（1177）4月28日）の火元は樋口富小路《ひぐちとみのこうじ》、現在の万寿寺《まんじゅじ》通と富小路通の交差点付近とされています。ここから「扇をひろげたるごとく」（『方丈記』）燃え広がり、京都の町の広い範囲が焼失しました。『方丈記』の五大災厄の最初で、このあと、辻風《つじかぜ》、遷都、飢饉《ききん》、大地震の記述が続きます。

→95 東山と『方丈記』の地震

## 火災 86 亀山稲荷神社（亀山藩邸跡）

京都火消《ひけし》役のひとつである丹波《たんば》亀山藩（現亀岡市）の藩邸がここにありました。稲荷《いなり》神社は藩邸に祀《まつ》られていたもののようです。**天明《てんめい》の大火**（1788）の時、朝の5～6時頃に鴨川を越えた火はすぐに藩邸にせまり、7時頃には焼失してしまったと考えられます。6時頃に藩邸から亀山に向かった報告では「火が迫って火消道具を蔵から取り出せなくなったので、道具持参で出動してほしい」と伝達しています。また10時頃に出発した報告では、藩邸がすでに焼失したことを知ら

せており、亀山藩は朱雀《すざく》村を拠点に活動することになります。永養寺から藩邸まででのおよそ1㎞を1時間ほどで焼失させた計算になり、延焼スピードが非常に速かったことがわかります。なお別の報告によれば、藩邸は焼失したものの土蔵は無事でけが人もなかったようです。

↓72 二条城 ⑤二条城の防火、【コラム2】天明の大火における松平信道の活躍 39頁

参 大邑潤三ほか「京都天明大火における大名火消の実態」

## 火災 87 平安京烏丸綾小路遺跡

平安京でいうと左京六条二坊十二町にあたる烏丸《からすま》綾《あや》小路《こうじ》遺跡では、発掘調査により平安時代から江戸時代までの遺構が確認されました。とくに江戸時代の層からは**元治《げんじ》の大火**（1864）に際しての火災によると思われる痕跡があり、焼けて真っ赤に変色した瓦などを詰め込んだ穴がありました。火災後に焼けた瓦礫《がれき》を穴に埋めて処理したものと思われます。

参 元興寺文化財研究所編『平安京六条二坊十二町跡烏丸綾小路遺跡』

## 火災 88 東本願寺

**天明《てんめい》の大火**（1788）の時、東本願《ほんがん》寺《じ》も焼失しました。その後も文政《ぶんせい》6年（1823）、安政《あんせい》5年（1858）、**元治《げんじ》の大火**（1864）など頻繁に火災にあっています。焼失の間の法要は大谷御坊《おおたにごぼう》や枳殻邸《きこくてい》の仮御堂《みどう》でおこなっていたそうです。このようにたびたび火災に見舞われたことから、専用の防火設備として本願寺水道が明治期につくられました。琵琶《びわ》湖疏水《こそすい》を水源としており、高低差を利用して自噴する仕組みになっていました。

↓90 西本願寺

参 平凡社『日本歴史地名大系 京都市の地名』、金度源ほか「明治期の防災設備「本願寺水道」の再生による防災水利計画の提案」

## 火災 89 本圀寺跡

かつて西本願《ほんがん》寺《じ》の北に本圀寺《ほんこくじ》という日蓮宗の寺院がありました。**天明《てんめい》の大火**（1788）では正月晦日《みそか》の夕方に五重塔に火が移り焼失してしまいました。西本願寺に隣接していたため、燃えた五重

塔が南側に倒れれば、西本願寺や興正《こうしょう》寺《じ》まで燃えてしまうと心配されましたが、北に倒れたため難を逃れたと『**花紅葉《はなもみじ》都咄《みやこばなし》**』に記されています。寺院は昭和46年（1971）に移転し、現在は山科《やましな》区にあります。

## 90 火災 西本願寺

**天明《てんめい》の大火**（1788）の際、西本願寺は大門・鼓楼のみ焼失して、ほかは無事でした。境内の大銀杏《いちょう》が水を吹いて御《ご》影堂《えいどう》を守ったとの話が伝わっています。この「水吹き銀杏」に対して、「東の方（東本願寺の銀杏）はかえって火をふく」のだと伝えられているようです。東本願寺がたびたび焼失していることからつくられた話でしょうか。火災の延焼の鎮火点には寺社などが多く立地するという研究があります。広い境内が防火帯の役割を果たすということです。こうした樹木が生い茂っていることも延焼防止に役立っているのかもしれません。

→ 88 東本願寺

㊫ 井上頼寿『京都民俗志』、塚本章宏ほか「近世京都における大火被災域の時空間的復原」

## 91 火災 興正寺

**天明《てんめい》の大火**（1788）のとき、興正《こうしょう》寺《じ》には、諸堂再建の工事のため小屋が多く立ち並んでおり、延焼しやすい状況であったそうです。しかし、門主《もんしゅ》自らが指揮し防火したと『**花紅葉《はなもみじ》都咄《みやこばなし》**』に記されています。

## 92 地震 平安京皇嘉門大路

平安京が大揺れするような地震が何度か発生しています。皇嘉門大路《こうかもんおおじ》跡の発掘では、東側溝と内溝、築地《ついじ》基底部などが検出され瓦もみつかっています。この溝（写真参照）の堆積物のなかに地震による変形が確認できたことから、築地塀《ついじべい》に葺《ふ》

かれた瓦が地震で崩落したという説明が可能です。９世紀の平安京を揺らした地震による被害と推定されています。

㊂京都市埋蔵文化財研究所編『京都市埋蔵文化財研究所発掘調査報告2016-2　平安京右京七条一坊七町跡』

## 地震 93 東寺百合文書

東寺《とうじ》（教王護国寺《きょうおうごこくじ》）に伝えられた「**東寺百合文書**《とうじひゃくごうもんじょ》」は、現在京都府立京都学・歴彩館《れきさいかん》が所蔵しています。国宝に指定され、２０１５年にはユネスコ世界の記憶（世界記憶遺産）に登録されました。この文書のなかにも災害の記録を見いだすことができます。たとえば、「中山定《なかやまさだ》親奉書《ちかほうしょ》」（ホ函《はこ》69）や「廿一口方評定《にじゅういっくかたひょうじょう》引付《ひきつけ》」（く函16）からは嘉吉《かきつ》元年（１４４１）12月21日に地震があり、28日からの7日間祈祷《きとう》をしたことがわかります。写真の「地震祈祷修僧廻請《しゅうそうかいじょう》」（ミ函１５２）は、明応《めいおう》7年（１４９８）9月の地震に関する祈祷をおこなうようにという通達に、各寺院で回覧板のようにチェックした文書です。東寺百合文書は京都府立京都学・歴彩館の「東寺百合文書WEB」(https://hyakugo.kyoto.jp/) で画像を閲覧できますので、災害に関する文書を確認してみてはいかがでしょうか。

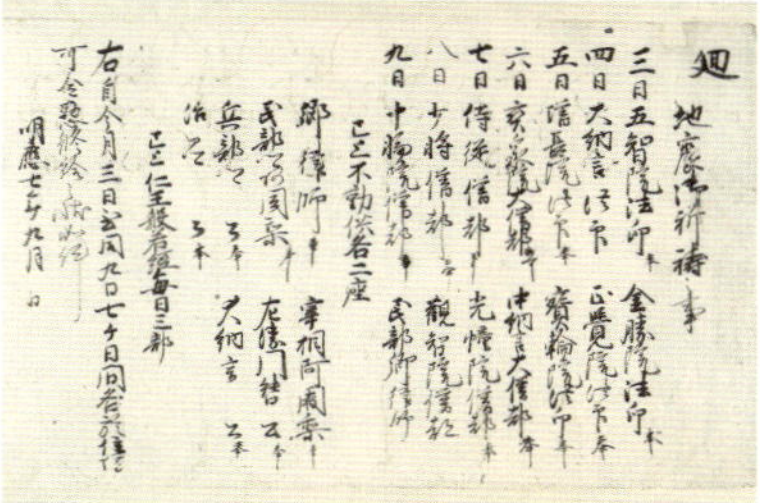

京都府立京都学・歴彩館蔵／東寺百合文書WEB

↓12 京都府立京都学・歴彩館、【コラム５】デジタルアーカイブの利用　67頁

## 防災・学習 94 京都市市民防災センター

十条の市民防災センターでは、体験を通して防災に関する知識を学習できます。映像体験、強風体験、地震体験、避難体験、消火体験、都市型水害体験など、さまざまな体験コーナーがあります。また、「災害に強いまちづくり講座」など講演会や防災に関するイベントも定期的に開催されています。Webサイトには「京都市の災害の歴史」という情報もあります。

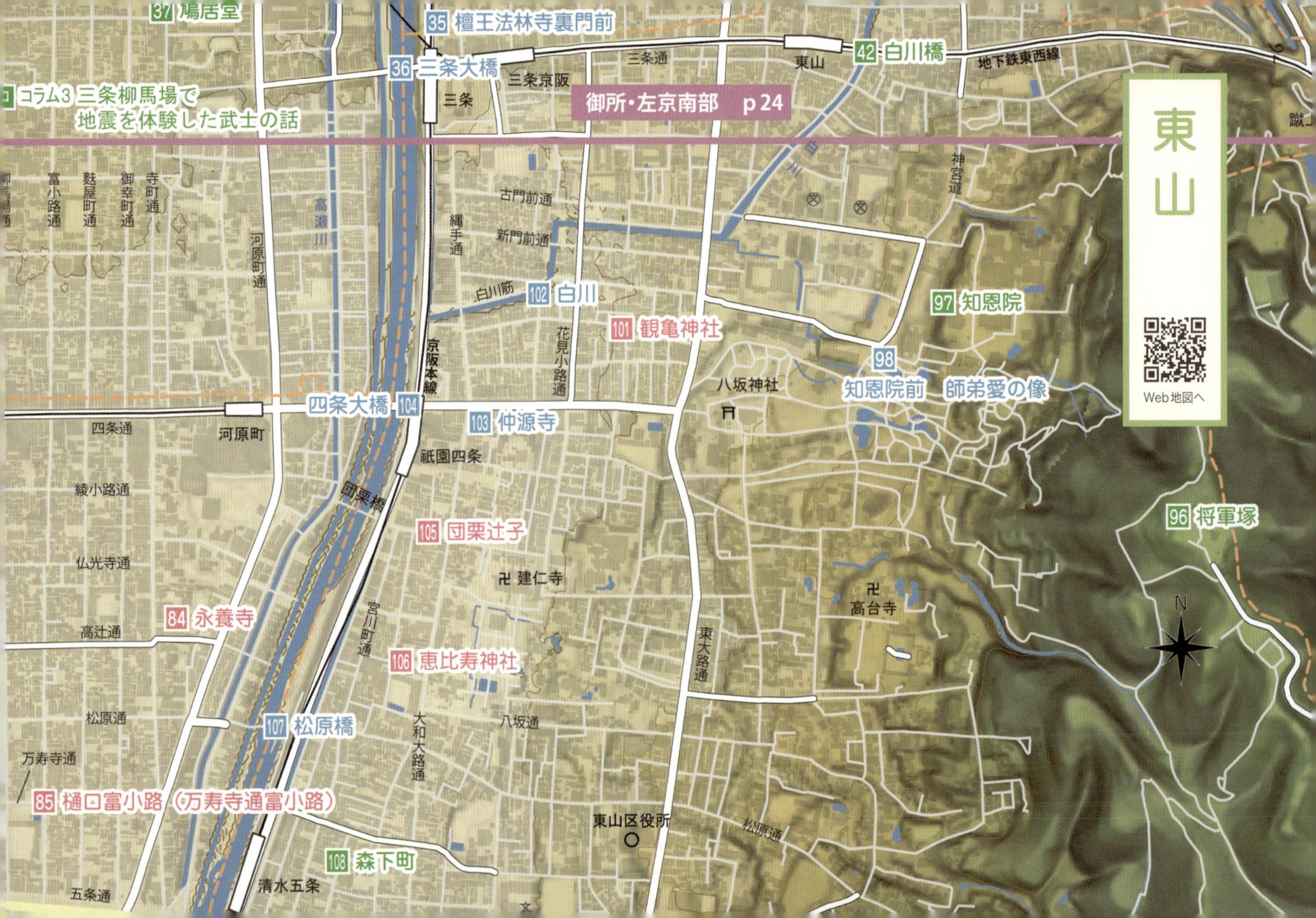
東山
Web地図へ
御所・左京南部　p 24
コラム3 三条柳馬場で地震を体験した武士の話
37 鳩居堂
35 檀王法林寺裏門前
36 三条大橋
42 白川橋
102 白川
101 観亀神社
97 知恩院
98 知恩院前　師弟愛の像
104 四条大橋
103 仲源寺
105 団栗辻子
84 永養寺
106 恵比寿神社
107 松原橋
85 樋口富小路（万寿寺通富小路）
108 森下町
96 将軍塚
三条通
三条京阪
三条
東山
地下鉄東西線
神宮道
古門前通
新門前通
縄手通
白川筋
白川
花見小路通
京阪本線
八坂神社
四条通
河原町
祇園四条
綾小路通
団栗橋
仏光寺通
建仁寺
高台寺
高辻通
宮川町通
東大路通
大和大路通
八坂通
松原通
万寿寺通
東山区役所
清水五条
五条通
富小路通
麩屋町通
御幸町通
寺町通
河原町通
高瀬川
N

109 五条大橋
1
8
東山郵便局
110 若宮八幡宮
111 五条坂
114 地主神社
112 清水寺の回廊
113 音羽の滝
99 大谷本廟　師弟愛の碑
鴨
川
川端通
115 音羽川
116 馬町空襲
117 方広寺石塁
正面通
119 鴨川の浚渫
118 耳塚
京都国立博物館
120 七条二宮町
七条
七条通
121 七条大橋
100 京都女子大学　師弟愛の像
三十三間堂
JR琵琶湖線・湖西線
八条通
JR奈良線
東海道新幹線
歩いて
約10分
時速３㎞として
0
250
500 m
122 伏見街道一ノ橋
東福寺

地震

## 95 東山と『方丈記』の地震

『方丈記《ほうじょうき》』に描かれた元暦《げんりゃく》2年（1185）の地震。このとき発生した土砂災害の跡を発見したという研究があります。記録も少なく、震源の位置など地震の様子がそれほどよくはわかっていない地震ですが、文献以外にも地質や地盤の調査によって地震像を浮かびあがらせることができます。

鴨長明《かものちょうめい》は『方丈記』のこの地震についての記述のところで、「おそれの中におそるべかけるは、ただ地震なりけりとこそ覚え侍《はべ》りしか」と書いています。ほかにも火災や辻風《つじかぜ》（竜巻）、飢饉《ききん》などの災害について記した『方丈記』を、日本最初の災害文学とする見方もあります。「十日、二十日すぎにしかば、やうやう間遠になりて」などと余震活動が減衰していく様子についての冷静な書きぶりをみていると、地震研究の先輩のようにも思えてきます。

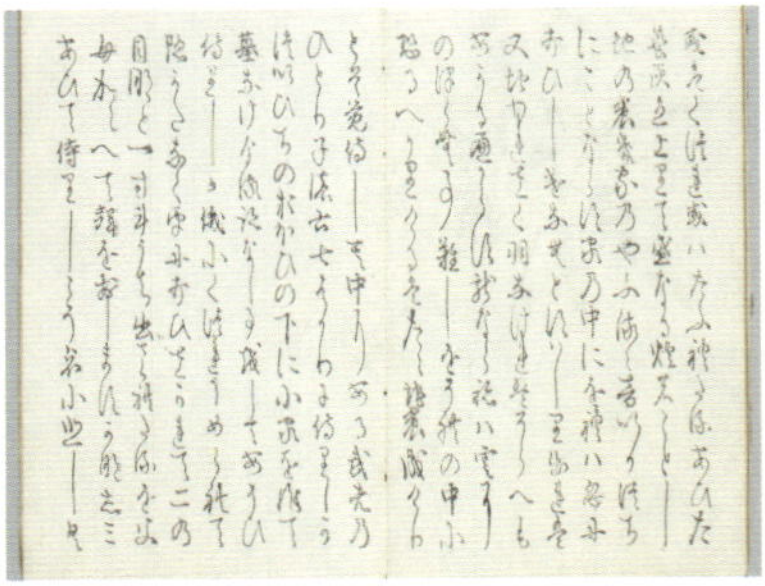
『方丈記』（嵯峨本、国文学研究資料館蔵／新日本古典籍総合データベース）

↓85 樋口富小路（万寿寺通富小路）

参 釜井俊孝『埋もれた都の防災学』、鴨長明・浅見和彦『方丈記』

地震

## 96 将軍塚

将軍塚は平安遷都の際、都の守護として将軍の像を埋めたとされる塚です。『甲子夜話《かっしやわ》』続篇巻之五十には**文政《ぶんせい》の地震**（1830）に際して、将軍塚《しょうぐんづか》が鳴動した話が記されています。地震の前月の6月に将軍塚が鳴動したと京都から帰ってきた人から聞いたというものです。筆者の松浦静山《まつらせいざん》は、将軍塚が変事の前に鳴動することは古書に書いてあるため、今度の地震も予知するつもりならできたのではないかと記しています。

地震

## 97 知恩院

時代劇などのロケ地になり、さまざまな物語の舞台になっている知恩院。過去の地震の舞台になっていることをご存知でしょうか？　たとえば、『殿中日記《でんちゅうにっき》』には、**寛文《かんぶん》の地震**（1662）の際に、知恩院・妙法院で坊舎が倒壊したことが記されています。ほかにもいくつかの寺社で被害が記録されています。寛文の地震の京都周辺での被害については、西山《にしやま》昭仁《あきひと》氏の研究がありますのでご参照ください。

参 西山昭仁ほか「寛文二年（1662）近江・若狭地震における京都盆地での被害状況」

風水害

## 98 知恩院前　師弟愛の像

**室戸《むろと》台風**（1934）では多くの学校建築が被災し、京都府下では教師5名や児童166名が犠牲になりました。「師弟愛の像」は児童をかばって亡くなった教師と児童らがモチーフとなったブロンズ像です。もともとあった風災学童慰霊塔は戦時中に供出されてしまい、昭和35年（1960）に現在の像が再建されました。旧像は慰霊の性格をもつ像でしたが（写真参照）、再建時に教育愛・人間愛を示すものに変化したと考えられます。京都女子大学や大谷《おおたに》本廟《ほんびょう》にも同様の像が存在します。

供出前の像（1935年9月21日『京都日日新聞』）

↓ 99 大谷本廟　師弟愛の碑、100 京都女子大学　師弟愛の像

参 植村善博「室戸台風による京都市の「師弟愛の像」建立とその変遷」

風水害

## 99 大谷本廟　師弟愛の碑

大谷《おおたに》本廟《ほんびょう》の円通橋《えんつうきょう》を渡った左側にレリーフがはめ込まれた大きな岩があります。このレリーフが「師弟愛の碑」と呼ばれるものです。岩の裏面には「関西風水害罹災《りさい》学童碑陰記」と記した銘板が貼り付けられており、「昭和十年乙亥《おつがい》秋九月念一日」（念は二十の意味）と記されていることから、**室戸《むろと》台風**（1934）による被害発生日の1年後に建てられたこ

とがわかります。浄土真宗本願寺派（西本願寺）の日曜学校関係者が中心になって集めた寄付金を主な資金として建立されたもので、本来の名は「関西風水害罹災学童碑」です。

↓98 知恩院前 師弟愛の像、100 京都女子大学 師弟愛の像

㊜植村善博「室戸台風による京都市の「師弟愛の像」建立とその変遷」

## 風水害 100 京都女子大学 師弟愛の像

京都女子大学に大谷本廟《おおたにほんびょう》の「師弟愛の碑」によく似た石碑が建っています。「師弟愛の像」と示した案内板には、**室戸《むろと》台風**（1934）で3人の児童をかばって亡くなった横山仁和子訓導《くんどう》（教諭）の碑である旨が記されています。横山訓導は京都女子大学の前身である京都女子高等専門学校の卒業生でした。同大学の藤田教授が定年退職の記念として、大谷本廟の「関西風水害罹災《りさい》学童碑」のレリーフを複製して建立したものです。（※2020年12月まで工事中で見学不可）

↓98 知恩院前 師弟愛の像、99 大谷本廟 師弟愛の碑

㊜植村善博「室戸台風による京都市の「師弟愛の像」建立とその変遷」

## 火災 101 観亀神社

観亀《かんき》神社には京都火消《ひけし》役をつとめた膳所《ぜぜ》藩（現大津市）の藩邸がありました。**天明《てんめい》の大火**（1788）の際、藩主は参勤交代で江戸にいたため膳所藩は家臣を出動させています。

## 風水害 102 白川

白川《しらかわ》に架かる祇園の巽《たつみ》橋は京都を代表する風景といっても良いかもしれません。白川は文字通り河床《かしょう》が白いため白川と呼ぶといわれています。それではなぜ白いのでしょうか？ 表層地質図を見ると、白川の上流部は比叡《ひえい》山と大文字《だいもんじ》山にはさまれた花崗岩《かこうがん》地帯になっています。風化した花崗岩が白いマサ（真砂）となって下流に流れ、白川の河床に堆積しているため白いのです。こうした白いマサは白川砂として寺社の庭園に使われ、京都の景観を形作ってきました。しかし白川は明治期に琵琶湖疏水《びわこそすい》によって断ち切られてしまい、下流はマサの流入が少なくなったようです。

白川上流部

一方でマサは崩れやすいため土石流《どせきりゅう》の原因となります。京都大学吉田キャンパスは白川が形成した扇状地上に位置しており、地下に厚い砂層が確認されています。この下から弥生前期の遺跡が確認されていることから、弥生前期末に発生した白川の大規模土石流の堆積物であると考えられています。

㊜地質調査所5万分の1地質図幅「京都東北部」（産業技術総合研究所　地質図Navi）、冨井眞「京都白川の弥生時代前期末の土石流」

風水害

## 103 仲源寺

仲源寺は浄土宗の寺院で山号《さんごう》を寿福山といいます。本尊は目疾地蔵尊《めやみじぞうそん》ですが、雨止《あめやみ》地蔵から転じたといわれています。『**雍州府志**《ようしゅうふし》』や『**京羽二重織留**《きょうはぶたえおりどめ》』によれば、安貞《あんてい》2年（1228）の鴨川の洪水のおり、水防を命じられた勢多判官為兼《せたはんがんためかね》の前に僧侶があらわれ、「川の北に弁財天、南に禹王廟《うおうびょう》を祀《まつ》ると洪水が鎮まる」と告げて仲源寺に入って消えたといい、僧侶は地蔵の化身《けしん》ではないかと伝えています。

㊜谷端郷「京都・鴨川の禹王伝説」

風水害

## 104 四条大橋

四条大橋には**昭和の水害**（1935）で多くの材木などが引っかかりましたが、鉄筋コンクリート造りであったため高欄《こうらん》が一部破損したのみで流失する被害はありませんでした。しかし流失しなかったがために、流木が詰まった橋がダムのようになり、溢《あふ》れた水が橋の上流部分から

京都市土木局『水禍と京都』より

越流して先斗町《ぽんとちょう》などに流れ込みました。水害後の河川改修でこの橋は取り壊されますが、現在西詰の橋の下に行くと古いコンクリートと鉄筋がむき出しになって残っており、先代四条大橋の痕跡を見ることができます。

参 京都市役所編『京都市水害誌』

## 105 火災 団栗辻子

**天明の大火**（1788）の出火地点が団栗辻子《どんぐりのずし》であったため、天明の大火を「どんぐり焼け」とも呼びます。辻子は大路《おおじ》と大路をむすぶ小道のことで、それを中心とした地域や町を指すこともあります。正月晦日《みそか》の未明に民家（空家）から出火した火は南東の風に煽《あお》られて鴨川を越え、対岸に燃え移りそこから拡大していきました。

参 大邑潤三ほか「京都天明大火における大名火消の実態」、小学館『日本国語大辞典』

## 106 火災 恵比寿神社

日本三大ゑびすに数えられる恵比寿《えびす》神社は、**天明《てんめい》の大火**（1788）で難を免れました。出火地点である団栗辻子《どんぐりのずし》の直近にもかかわらず被災しなかったことから不思議がられ、『万民千代乃礎《ばんみんちよのいしずえ》』は勢《せ》多《た》判官為兼《はんがんためかね》が水神《すいじん》である禹王廟《うおうびょう》をこのあたりに祀《まつ》ったとされることから、恵比寿神社は実は禹王廟であり、焼失しなかったのは水徳の神である禹王のおかげではないか、と記しています。

参 谷端郷「京都・鴨川の禹王伝説」

## 107 風水害 松原橋

松原《まつばら》橋はかつての五条通に架かる橋です。相国寺《しょうこくじ》の僧が著した『**蔭涼軒日録**《いんりょうけんにちろく》』にはこの五条橋下に夏禹廟《かうびょう》があるとの記載があります。また橋の東詰付近には安倍晴明《あべのせいめい》ゆかりの晴明塚があったとされ、『雍州府志《ようしゅうふし》』は安倍晴明が鴨川の洪水を鎮めるため五条中島に法城寺（「法」→水が去り、「城」→土と成る）を建て、晴明もここに葬られたため晴明塚と称するようになったと記しています。現在の松原橋付近は昔から鴨川治水を祈念する場所であったようです。

㊂谷端郷「京都・鴨川の禹王伝説」

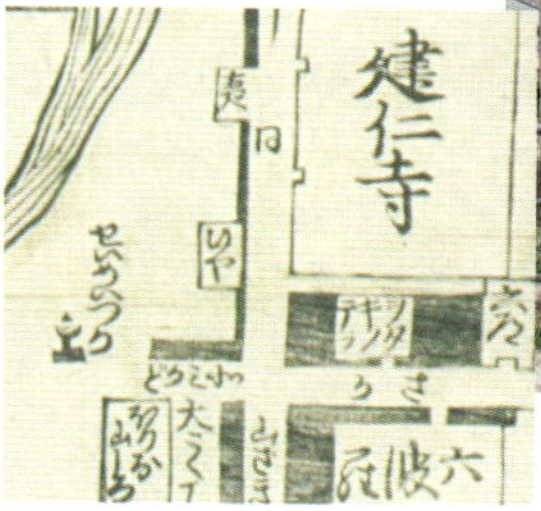


「新改洛陽幷洛外之圖」（国立国会図書館デジタルコレクション）

## 地震 108 森下町

伏見《ふしみ》街道五条上る森下町（現東山区）に住んでいた、津國屋さいという人物の手紙が『浮世《うきよ》の有様《ありさま》』巻之三に収められています。これによると**文政《ぶんせい》の地震**（1830）で町内の3軒の家が倒れ、住んでいた借家も破損し、五条通でも2軒が倒壊したとのことです。そのほかにも多くの家が倒壊し即死人が40～50人出たと記しています。

## 地震 109 五条大橋

平安時代からこの場所に橋が架けられていたといわれていますが、かつての五条大橋は現在の松原《まつばら》通にあり、豊臣秀吉《とよとみひでよし》によって現在の場所に移りました。**文政《ぶんせい》の地震**（1830）による被害はほぼありませんでしたが、東詰北側にあった焼餅屋が倒壊し怪我人が出たとの記録が『**浮世《うきよ》の有様《ありさま》**』巻之三にあります。また

同じく橋詰の河岸が半丁ほど崩れて大騒動となったようです。**寛文《かんぶん》の地震**（1662）では部分的に落橋する被害が発生しました。その際に石材が白川橋《しらかわ》に転用され白川橋が石橋となったといいます。

→42 白川橋

参 西山昭仁ほか「寛文二年（1662）近江・若狭地震における京都盆地での被害状況」、平凡社『日本歴史地名大系　京都市の地名』

## 110 若宮八幡宮

地震

清水焼《きよみずやき》の窯元《かまもと》である和気亀亭《わけきてい》の『日記』（京都府立京都学・歴彩館所蔵）には、

**伊賀上野《いがうえの》地震**（1854）によって若宮《わかみや》八幡宮《はちまんぐう》の灯籠《とうろう》が4つ転倒し、地面が1間《けん》（約1・8m）ほど崩れたとあります。また若宮八幡宮の隣にかつてあった上行寺や、東山区南町《みなみまち》にある青龍寺《せいりゅうじ》では表門が崩れたと記しています。

参 中ノ堂一信「幕末期における京焼陶家の生活」

## 111 五条坂

地震

清水焼《きよみずやき》の窯元《かまもと》である和気亀亭《わけきてい》の『日記』（京都府立京都学・歴彩館所蔵）には、**伊賀上野《いがうえの》地震**（1854）による五条坂の清水焼窯元の被害が記されています。自らの家の被害については、素焼きの製品が全滅し、窯自体も一部が崩れ、割れた製品は捨てたとあります。また表口が崩れ、土蔵の北東側に亀裂が入り、庭の石灯籠《いしどうろう》がこけたと記しています。五条坂一帯の窯元はその多くに窯の崩落などの被害が発生したようで、清水六兵衛家など被害のあった7か所の窯元の名が列挙されています。窯は土などを塗り固めて作られていたと考えられ、土蔵と同じく柔軟性のない構造物であるため、被害が発生しやすかったと思われます。なお**文政《ぶんせい》の地震**（1830）のときにも、五条坂で茶碗が多く割れ大損害が出たことが『**浮世《うきよ》の有様《ありさま》**』巻之三に記されています。

参 中ノ堂一信「幕末期における京焼陶家の生活」

## 112 清水寺の回廊

地震　風水害

清水寺の本堂と轟門《とどろきもん》をつなぐ回廊は**文政《ぶんせい》の地震**（1830）後に降った大雨の際に崩落しました。『成就院《じょうじゅいん》日記』によると地震でできた地割れの水抜きをしていたところ回廊の南側の地面が崩れ、南東側の柱の根石が3つほどずり落ち、回廊が東の方へ倒れて南側の屋根の7割が崖から谷へ転落したといいます。さらに『甲子夜話《かっしやわ》』続篇巻之五十には、谷底に落ちた回廊が音羽《おとわ》川を流れ、下流の家が多く潰れたようだとも記されていますが、定かではありません。この回廊は**室《むろ》戸《と》台風**（1934）や昭和25年（1950）のジェーン台風でも被害をうけ、昭和51年に復旧されています。

㊫清水寺史編纂委員会編『清水寺史　第2巻　通史（下）』

## 113 音羽の滝

地震　風水害

**文政《ぶんせい》の地震**（1830）の半月後に降った大雨により清水寺の音羽《おとわ》の滝や上流の山も崩れたとの記録が『宝暦現来集《ほうれきげんらいしゅう》』巻之十九など複数の史料に残っています。地震で地盤が緩んでいたところに大雨が降ったためかもしれません。この大雨で下流の音羽川が溢《あふ》れ周囲に大きな被害が発生したようです。

## 114 地主神社

地震　風水害

縁結びで有名な地主《じしゅ》神社も**文政《ぶんせい》の地震**（1830）とその後の水害で被災しました。清水寺の『成就院日記《じょうじゅいんにっき》』によると地震によって石段石垣が崩落したほか、『宝暦現来集《ほうれきげんらいしゅう》』巻之十九によると半月後の大雨の際に拝殿が崩れたということです。

## 115 音羽川

地震　風水害

観光客でにぎわう清水寺の音羽《おとわ》の滝の下流がどうなっているかご存知でしょうか？　滝の下流は音羽川という川でしたが現在は廃川となっています。昭和28年（1953）の**京都市都市計画基本図**などを見ると大谷本廟《おおたにほんびょう》の南を西に流れた川筋は現在の五条通の南側を並走し、現在の東山郵便局のあたりで流れを南に変え、本町《ほんまち》公園で再び西に流れを変えて鴨川に流れ込んでいます。**文政《ぶんせい》の地震**（1830）後に降った大雨では、上流の音羽山が崩れ音羽川が氾濫《はんらん》して家屋の流失や人的被害があったとの記録が『甲子夜話《かっしやわ》』続篇巻之五十三などに残っています。問《とい》屋町《やまち》通などでは床上浸水となり、伏見《ふしみ》街道五条下る付近では地上4尺（約1・2m）あまりまで浸水したと記されています。また『**浮世《うきよ》の有様《ありさま》**』巻之三にはこのような状況であったため「伏見街道は海道ぢゃ」（街道を海道とも書く）と洒落《しゃれ》を言っていたことが記されています。

本町公園に残る音羽川の橋に使われていた石

## 116 その他災害 馬町空襲

太平洋戦争中に京都にも空襲がありました。昭和20年（1945）1月16日午後11時ごろ、B29が1機飛来し東山区馬《うま》町《まち》付近に爆弾を投下しました。死者40名ちかい大きな被害がありました。ほかにも右京区春日町、同太秦《うずまさ》、京都御所、西《にし》陣《じん》（上京区出水《でみず》）、乙訓郡神足《おとくにぐんこうたり》（現長岡京市）などに空襲があったようです。

↓59 西陣空襲
参 馬町空襲を語り継ぐ会HP

## 117 地震 風水害 方広寺石塁

京都国立博物館や豊国《とよくに》神社、方広寺《ほうこうじ》の西側を歩いていると、人目をひく大きな石で積まれた石垣を見ることができます。これが昭和44年（1969）に史跡指定された方広寺の石塁です。方広寺は天《てん》正《しょう》14年（1586）に豊臣秀吉《とよとみひでよし》によって造営されましたが、**慶長伏見地震《けいちょうふしみじしん》**（1596）、慶長7年（1605）の火災、**寛《かん》文《ぶん》の地震**（1662）、寛政《かんせい》10年（1798）の落雷など度重なる災害によって荒廃し、当時の様子を伝えるのはこの石塁のみとなっています。**文政《ぶんせい》の地震**（1830）の際に、この石塁も被災しました。『甲子夜話《かっしやわ》』続篇巻之五十三や、『視聴《みきき》草《ぐさ》』三集の十には「石弐《に》枚土手をはなれぬけ、大路《おおじ》へ倒れ候《そうろう》、石大さ四畳敷斗《おおきしじょうじきばかり》之《の》一枚、弐畳敷斗之壱《いち》枚、都合弐枚也《なり》」

とあり、石が道にむかって倒れたようです。注目すべきは石を枚と数えていることですが、近年の発掘調査によるとこの石垣は平たい石を積み上げてできており、石自体にあまり奥行きがないとのことです。そうであれば倒れた石を当時の人が枚と数えたのも、うなずける気がします。

また明治36年（1903）7月10日の『京都日出《ひので》新聞』によると、現在の京都国立博物館に接する石垣約4ｍが降雨により崩壊し直径2ｍ程の大石2個が崩落したとあります。幸い人に被害はなかったようです。

㊂尾野善裕「史跡・方広寺石塁」

地震

## 118 耳塚

**文政《ぶんせい》の地震**（1830）の記録の中には耳塚《みみづか》の五輪塔に関する記事が多く登場します。『宝暦現来集《ほうれきげんらいしゅう》』巻之十九によれば、五輪塔の石が20ｍほど南東の方角へ飛び、向かいの家の角の柱が折れたと伝えており、耳塚周辺の薮の竹や木が折れていないことから、薮の上を踊り越えたのではないかと推測しています。また残った部分も乾《いぬい》（北西）の方角に傾いたり捻《ね》じれたりしたとする記録もあります。史料によって飛んだのが笠石であったり宝珠《ほうじゅ》であったりして、その重さも300貫目《かんめ》（約1ｔ）とか1340貫目（約5ｔ）とかまちまちです。方広寺《ほうこうじ》の石塁が塔に当たったために砕けたとか、塔が土中へ埋まったというものまであり、誇張されたり変化したりしながら、うわさ話として広がっていったことが想像されます。なお**寛文《かんぶん》の地震**（1662）でも耳塚の五輪塔に被害が出たことが『**かなめいし**』に記されています。

風水害

## 119 鴨川の浚渫

鴨川は、寛文《かんぶん》新堤の建設により、かつて河原だった土地が有効利用されるようになりましたが、その一方で川幅が狭くなり、河床《かしょう》（川の底）に土砂が堆積しやすくなって次第に天井川化するようになります。河床に土砂が堆積すると川が埋まってしまうため洪水が発生しやすくなることから、これらへの対策として鴨川周辺の町人が堆積した土砂を運び出す、浚渫《しゅんせつ》作業がおこなわれるようになりました。「砂持ち」とも呼ばれるこうした浚渫は治水工事の側面もありますが、次第にイベント化していき仮装行列も繰り広げられるお祭り騒ぎになったようです。安政《あんせい》3年（1856）のものが有名で、右図の「**京都加茂川遊覧ノ圖《ず》**」（国立国会図書館蔵）のほか上御霊《かみごりょう》神社の絵馬「鴨川浚《ざらえ》砂持《すなもち》之《の》図《ず》」や「賀茂川浚土砂運送略図」（東京都立図書館蔵）など多くの絵画史料が残されています。

国立国会図書館デジタルコレクション

嘉永《かえい》6年（1853）にも砂持ちがあったようで、五条坂の清水焼《きよみずやき》の窯元《かまもと》であった和気亀亭《わけきてい》の『**日記**』（京都府立京都学・歴彩館所蔵）には、2月17日から西大谷の砂持ちが始まり、正面河原から土砂を運んだことが記されています。23日には賑《にぎ》わいはピークに達し、唐人《とうじん》の仮装や男装の女性が繰り出し、こうした異形《いぎょう》の姿に皆惹《ひ》かれたと記されています。過酷な労働をイベント化して、楽しみながら市民の力で解決する手法は、現代にも活かせるかもしれません。

→ 26 寛文新堤

(参)牧知宏「近世後期京都における災害対策と都市行政」、福原敏男『京都の砂持風流絵巻』、中ノ堂一信「幕末期における京焼陶家の生活」

## 地震 120 七条二宮町

『甲子夜話《かっしやわ》』続篇巻之四十九によると七条二宮《にのみや》町（下京区上二之宮町もしくは下二之宮町か）では、道を挟んだ両側の町家が道に崩れ、道にいた16人が即死したそうです。

## 風水害 121 七条大橋

明治44年（1911）に着工し大正2年（1913）に完成した七条大橋は、**昭和の水害**（1935）において流失しなかった数少ない橋です。平成31年（2019）3月29日、鴨川に架かる橋の中で明治期の意匠を残す唯一のコンクリート・アーチ橋であるとして、国の登録有形文化財となりました。

(参)京都市役所編『京都市水害誌』

## 地震 122 伏見街道一ノ橋

伏見《ふしみ》街道は京都盆地の東側を通っていますが、桃山《ももやま》断層など盆地東縁の断層と重なる部分があります。**文政《ぶんせい》の地震**（1830）による伏見街道付近の被害記録に「一の橋より上、大仏正面迄《まで》、人家多《おお》く倒れ、此内《このうち》十七八歳の娘一人即死」（『浮世《うきよ》の有様《ありさま》』巻之三）という記録があります。一の橋は今熊野《いまくまの》川に架けられた橋で（伏見街道に架けられた橋を北から一の橋、二の橋といった）、現在は宝樹寺（東山区本町11丁目）の北東角に「伏水街道一之橋旧址《きゅうし》」の碑があります。その橋から方広寺《ほうこうじ》（もしくは正面通か）までの間の伏見街道で建物倒壊が多く発生したようです。**都市圏活断層図**を見ると、一の橋あたりから伏見街道に沿う形で豊国《とよくに》神社の前まで桃山断層の線が引かれています。この地震で桃山断層は動いていないと考えられており、建物倒壊との関係は不明ですが、断層でも付近では揺れが大きくなるとの研究もあり、そうしたことも建物倒壊の原因かもしれません。

→【コラム7】活断層の調査　91頁

参 大邑潤三ほか「1830年文政京都地震における京都盆地北部の被害と被害要因の整理」

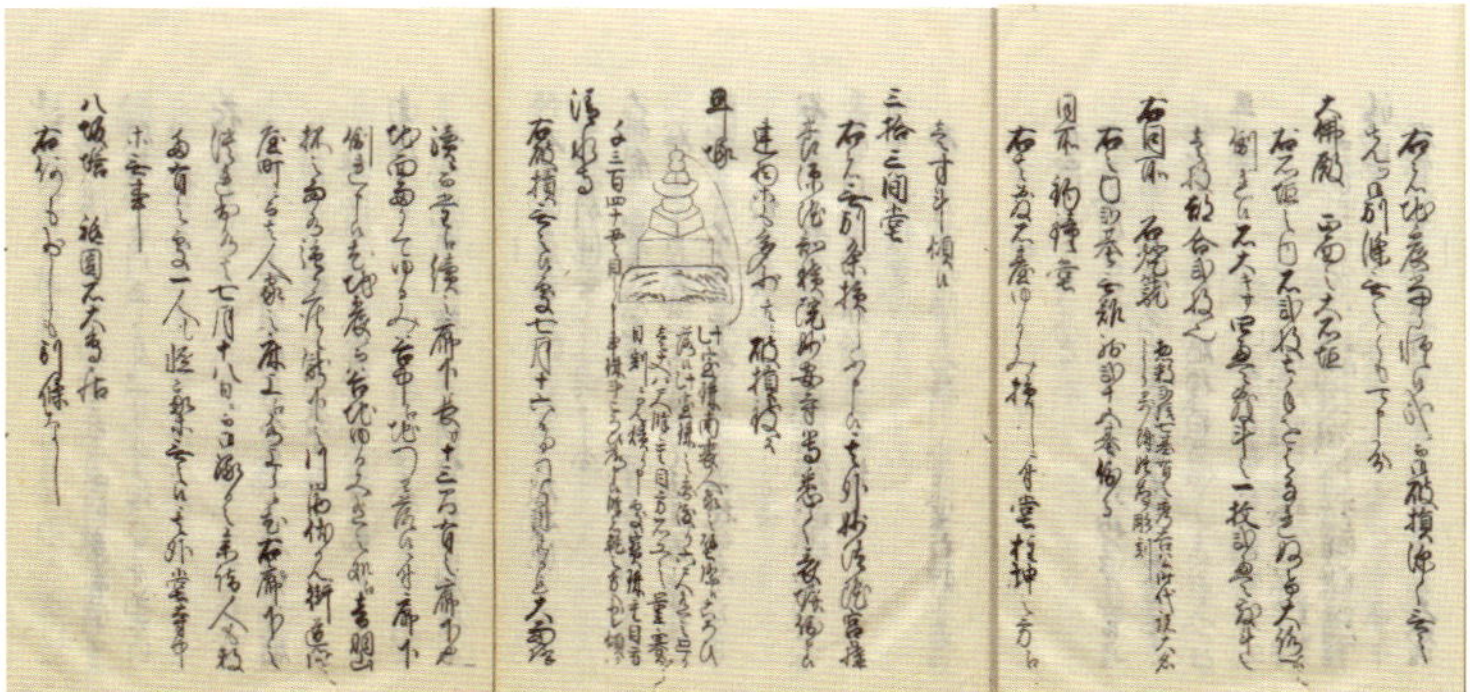

『視聴草』三集の十に記された文政の地震の被害（国立公文書館蔵／国立公文書館デジタルアーカイブ）

Column 6

# 地震のおかげで土地を手に入れた公家の話

**文政の地震**（1830）で被災して困っていた公家が、蔵から思わぬ発見をして土地を手に入れた話が、『浮世《うきよ》の有様《ありさま》』巻之三に記されています。寺町《てらまち》通石薬師《いしやくし》御門《ごもん》下る西側に、押小路大外記《おしのこうじだいげき》という公家《くげ》が住んでいましたが、地震前から非常に貧しい暮らしをしていました。

地震によって屋敷が大破しましたが修理もできず、何とか風雨を凌《しの》いでいましたが、余震によって屋敷は段々と崩れ、大工を呼んで修理の見積もりをしました。しかしまず金を払わなければならなくなり途方に暮れましたが、土蔵が無事なので中の物を売り払えば住めるとの大工の提案を受け入れ、蔵の整理をはじめました。

古い文書を整理していると、知恩院《ちおんいん》からの古い証文が出てきました。そこには「四条縄手《なわて》（四条大和《やまと》大路付近。大和大路の四条通と三条通間を縄手通という）にある4町四方の土地は確かに預かりました。必要の際にはいつでもお返しいたします」と記されており、何のことやら事情がわかりませんでしたが、所司代《しょしだい》に申し出て知恩院と掛け合うことになりました。

知恩院にも事情を知る者はなく、古い記録を調べてやっと事情が判明したところによると、当時そのあたりの土地は河原で人家や畑さえなく、開発もされずに、行き倒れなどもありました。その頃は押小路家の領地でしたが利益もなく、行き倒れの対応にも困っていたため、近くの知恩院に土地を預けたということです。そのため返してもらうつもりもなく、押小路家で言い伝えられることもなく、寛《かん》文《ぶん》期以降急速に繁華街となっていましたが（26寛文新堤を参照）、これを知る人もいない状況になりました。

知恩院でも経緯が明確になったため、返却に応じることとなりましたが、該当する三条下るの祇園新地《ぎおんしんち》や四条の芝居小屋の人々は、地主が変わって公家の領地となっては後々面倒なため、押小路家から1万両で土地を買い取る相談になりました。しかし押小路家は改めてこの土地を知恩院に預け、これを担保にして2千両を借りることを知恩院に相談しました。知恩院も数百年にわたってこの土地から地代を得ていたこともあり、この提案をすぐに受け入れて2千両を貸すことにしました。押小路家は借金をすることになりましたが、非常に繁盛している土地であるため、すぐに返済することができ、その後この土地は押小路家の財産となったといいます。

『浮世の有様』は、地震がなければこの土地の存在も知ることなく、貧困のまま暮らさねばならなかったのに、地震によってこのような幸福を得た人は珍しく、大いに噂《うわさ》になったと結んでいます。

Column 7

# 活断層の調査

　政府の地震調査研究推進本部（https://www.jishin.go.jp/）の地震調査委員会によって活断層の調査をまとめた「主要活断層帯の長期評価」が公開されています。京都の両側には立派な活断層があり、東西の山地と盆地の境になっています。西側には京都西山《にしやま》断層帯に属する樫原《かたぎはら》断層、東側には花折《はなおり》断層帯に属する花折断層や桃山《ももやま》断層があります。断層によってできた地形が現在の京都の景観の一部になっているといえます。

　活断層の調査にはさまざまな手法が用いられます。地形や地質の分析、地面に溝を掘って断層を「発掘」するトレンチ調査、人工的に地面に微弱な振動を与えてその応答をみる弾性波探査などがあります。

　これらの調査にもとづいて推定された活断層の位置は、右記の長期評価の報告書のほか、たとえば産業技術総合研究所の「**活断層データベース**」（https://gbank.gsj.jp/activefault/）で見ることができます。また、国土地理院からは「**活断層図**（**都市圏活断層図**）」https://www.gsi.go.jp/bousaichiri/inspection.html が発行されています。地図に描かれた線に沿って周囲を眺めると断層を感じられる場所があると思います。いくつか紹介しましょう。

●京都大学農学部グラウンド東側では、花折断層の活動によってできた崖をみることができます。京都大学本部構内と北部構内の間の今出川《いまでがわ》通付近ではトレンチ調査も実施されました。（20 京都大学総合博物館、21 京都大学時計台を参照）

●京都大学桂《かつら》キャンパスと阪急桂駅との間には100m前後の標高差があります。この高低差を越えて自転車で通っている強者《つわもの》もいると聞きます。この間には樫原断層があります。

●京都駅から新幹線や琵琶湖《びわこ》線（東海道本線）に乗って東へ向うと、桃山断層を横切り、さらに山科《やましな》盆地の東側を出たところで黄檗《おうばく》断層を横切ることになります。

●京都大学宇治《うじ》キャンパスと東側の山の間には黄檗断層系があります。黄檗断層、御蔵山《おぐらやま》断層などいくつかの断層をふくみ、複雑なつくりになっています。周辺では、弾性波探査やボーリング（井戸）掘削による調査が実施されています。

参 地震調査研究推進本部地震調査委員会「三方・花折断層帯の長期評価について」、同「三峠・京都西山断層帯の長期評価について」、岡田篤正ほか編『近畿の活断層』

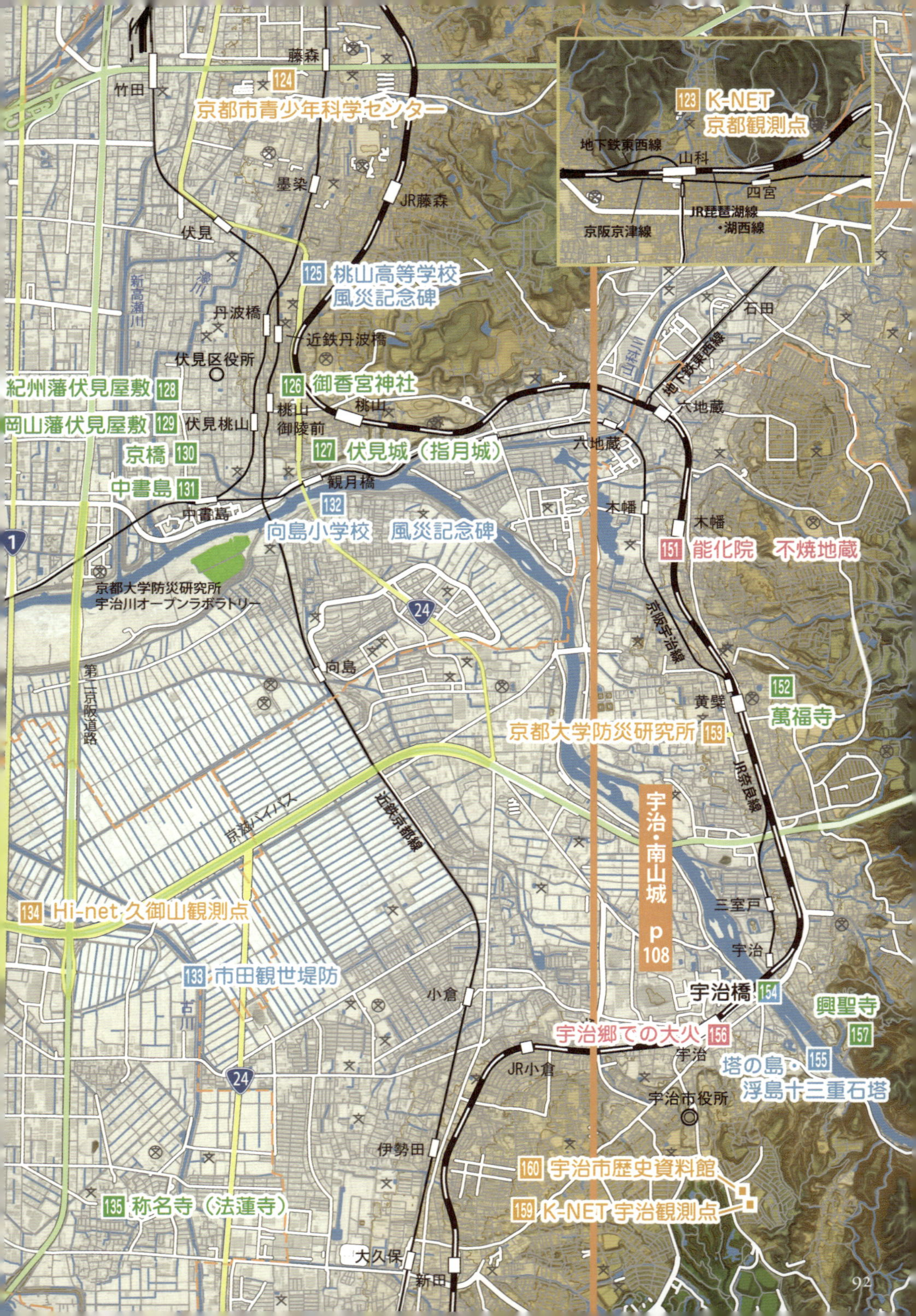

123 K-NET 京都観測点
地下鉄東西線
山科
四宮
JR琵琶湖線・湖西線
京阪京津線
藤森
124 京都市青少年科学センター
竹田
墨染
JR藤森
伏見
125 桃山高等学校 風災記念碑
新高瀬川
丹波橋
近鉄丹波橋
石田
伏見区役所
紀州藩伏見屋敷 128
126 御香宮神社
桃山
六地蔵
岡山藩伏見屋敷 129
伏見桃山
桃山御陵前
京橋 130
127 伏見城（指月城）
六地蔵
中書島 131
観月橋
木幡
中書島
132 向島小学校 風災記念碑
木幡
151 能化院 不焼地蔵
1
京都大学防災研究所 宇治川オープンラボラトリー
24
京阪宇治線
第二京阪道路
向島
152 萬福寺
黄檗
京都大学防災研究所 153
JR奈良線
京滋バイパス
近鉄京都線
宇治・南山城 p108
134 Hi-net 久御山観測点
三室戸
宇治
133 市田観世堤防
宇治橋 154
興聖寺 157
小倉
古川
宇治郷での大火 156
宇治
24
JR小倉
塔の島・浮島十三重石塔 155
宇治市役所
伊勢田
160 宇治市歴史資料館
135 称名寺（法蓮寺）
159 K-NET 宇治観測点
大久保
新田

伏見・淀
Web地図へ
N
東向日
向日町
向日市役所
171
名神高速道路
西高瀬川
桂川
西向日
阪急京都線
東海道新幹線
長岡京市役所
長岡天神
長岡京
JR京都線
西山天王山
宇治川
137 水垂町
139 納所町
138 淀小橋
142 與杼神社
淀
140 淀停留所跡
京阪本線
136 一口
143 稲葉神社
141 淀城
144
淀大橋
145 淀川顔町
山崎
148 離宮八幡宮
大山崎
木津川
車だと 約4分
八幡市
歩いて 約40分
石清水八幡宮
男山山上
146
147 八幡市立ふるさと学習館
車：時速30kmとして
徒歩：時速3kmとして
八幡市役所
0
1
2 km
淀川

## 123 防災・学習 K-NET京都観測点

国立研究開発法人防災科学技術研究所（防災科研）が運用するK-NET（Kyoshin Net：全国強震観測網。京都府内には15か所にK-NETの強震計が設置されています。そのうちのひとつが山科《やましな》区にある京都観測点。地震が発生したときに発表される震度情報で「京都山科区安朱川《あんしゅかわ》向町《むかいちょう》」と表示されるのがこの観測点です。

→【コラム1】地震をどうはかる？ 22頁

## 124 防災・学習 京都市青少年科学センター

伏見《ふしみ》区にある京都市青少年科学センター。理科・科学に関するたくさんの展示があります。実際のモノや工夫された模型に触れることで楽しく学習できるよう考えられています。遠足で行ったことがある、という方も多いかもしれません。「地震をさぐる」「花折《はなおり》断層」「できた！竜巻」「気象コーナー」「くもダス」「西山丘陵の地層」「深草谷口町《ふかくさたにぐちちょう》の地層」などこの本のテーマとも重なり合うコーナーもあります。２０１９年３月には京都大学大学院理学研究科を中心とした地球や惑星を立体的に表示するためのプロジェクト「ダジック・アース」を活用した「みらい地球儀」が公開されました。子どもも大人も、行ったことがある方もない方も、ぜひ訪れて理科・科学の楽しさに触れていただきたいです。

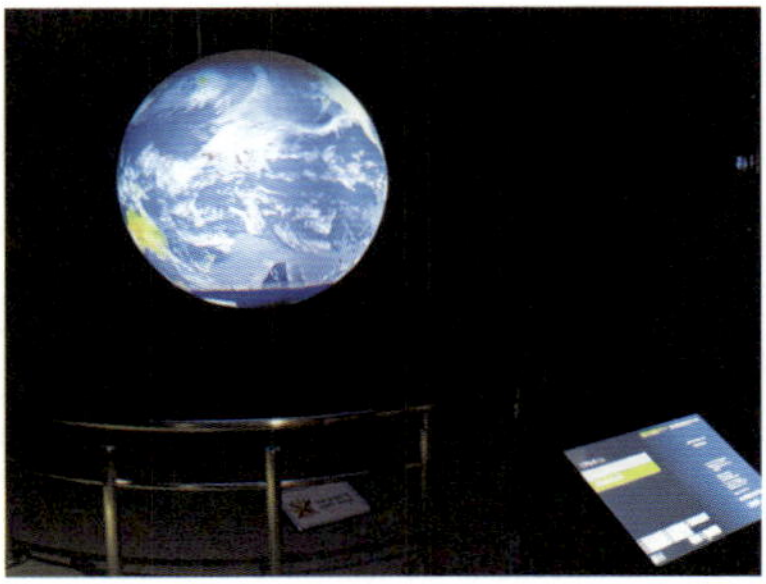

## 125 風水害 桃山高等学校 風災記念碑

**室戸《むろと》台風**（１９３４）による校舎の倒壊で多くの犠牲者を出す学校が多いなか、桃山《ももやま》中学校（現京都府立桃山高等学校）は迅速な避難により1人の死傷者も出しませんでした。こうした対応が称賛され文

部大臣による視察がおこなわれたり、新聞に掲載されたりして注目を集めたようです。校内には約1年後に建てられた「風災記念碑」があります。

㊂植村善博「室戸台風による京都市とその周辺の学校被害と記念碑」

## 地震 126 御香宮神社

名水が湧《わ》くことで知られる伏見《ふしみ》。御香《ごこう》宮《ぐう》神社の境内の御香水は、伏見七名水のひとつとしても知られています。鳥羽《とば》・伏見の戦の際に、薩摩《さつま》藩の屯所《とんしょ》となったことをご存じの方も多いでしょう。広い境内に多数の灯籠《とうろう》が建っています。伏見の代表的な神社であったためか、地震が起きるたびにさまざまな文書《もんじょ》に被害が記録されています。

**寛文《かんぶん》の地震**（1662）では、建物には被害はなかったようですが、石鳥居《いしどりい》が砕け、石灯籠は残らず倒れたと記録されています（『淡海集《たんかいしゅう》』など）。**伊賀上野《いがうえの》地震**（1854）では、社務日誌（『社用雑記』）に地震の様子が書かれており、6月14日夜、地震のあと社内をみまわったところ、本殿そのほかの建物に異常はなく、石灯籠は多数倒れたことが速報されています。その後、石灯籠は大小31基が倒れ、拝殿の西の間が南へゆがみ、西の壁や瓦が落ちて破損したものの、特別大きな被害ではないという調査結果が記されています。興味深いのは、「去文政《ぶんせい》十三年寅《とら》七月二日地震ゟ《より》余程《よほど》易《やさしく》相《あい》思《おもい》候《そうろう》」と書かれていることで、**文政《ぶんせい》の地震**（1830）のほうが強い揺れであったことがわかります。当時の人の感覚を通して複数の地震について比較できるこ

のような記録は貴重です。このような揺れ（震度）の違いは、地震の規模や震源と記録された場所との距離の違いによって生じます。2018年の大阪府北部の地震でも石灯籠の宝珠が落ちたそうです。

境内の石灯籠を眺めながら、この灯籠も地震で倒れたのかな、などと想像してみてはいかがでしょうか。

## 地震 127 伏見城（指月城）

**慶長《けいちょう》伏見《ふしみ》地震**（1596）で被害が発生したことであまりにも有名な伏見城（指月《しげつ》城）。現在桃山《ももやま》丘陵に建っているお城（模擬天守）は実際に当時建っていたものではないことは皆さんご存知のことでしょう。近年、この地震の被害にあった伏見城の近辺の発掘調査がすすみ、地震で被害にあったと思われる瓦が出土したりしています。

当時、歴史の舞台のひとつであった伏見だけに、その被害の印象が強く、慣用的に「伏見地震」と呼ばれています

が、実際の被害は大阪平野やさらに西に広がっていたようです。有馬《ありま》—高槻《たかつき》構造線という活断層が活動したとされており、今風にいえば、京阪神の地震あるいは震災とでもいうべき状況だったのかもしれません。

地震

## 128 紀州藩伏見屋敷

**文政《ぶんせい》の地震**（１８３０）で伏見《ふしみ》にあった紀州《きしゅう》徳川家の伏見屋敷では表長屋《おもてながや》が倒壊したと「文政十三年寅《とら》七月二日京伏見大地震之《の》始末書」（九州大学附属図書館蔵）に書かれています。同記録によれば伏見ではそのほかの諸家の屋敷も内外が多く破損したそうです。紀州藩伏見屋敷の跡地は現在月桂冠の敷地となっています。

地震

## 129 岡山藩伏見屋敷

備前《びぜん》岡山藩は、ほかの西国《さいごく》大名と同じように伏見《ふしみ》に屋敷を構えていました。『伏見鑑《かがみ》』などの地誌や絵図（地図）にその場所が記録されています。岡山藩邸は、大手筋《おおてすじ》が濠川《ほりかわ》を渡る地点のすこし東側、現在の京都府保健環境研究所の敷地にありました。**伊賀上野《いがうえの》地震**（１８５４）の際に、岡山藩邸では泥や砂が地下から噴出したという記録（岡山大学附属図書館池田家文庫『三上方御下知状留《さんかみがたおんげちじょうとどめ》』）があり、液状化現象が発生したと推測できます。調べてみると、この地点は、江戸時代初期の絵図には「淖《ぬかるみ》」つまり、沼地あるいはぬかるんだ土地と表示されています。同じ敷地内で実施された発掘調査からも、江戸時代後期以前には湿地であったことがわかっています。施工法などにもよるので一概にはいえませんが、池や沼あるいは海の埋立地は、そうでない土地と比べて液状化しやすい傾向がありま

す。このような場所に屋敷を営んだため、液状化の被害にあったと考えることができます。

この地点の発掘調査からは、洪水の痕跡もみつかっています。伏見といえば、豊臣秀吉《とよとみひでよし》の城下町や幕末維新の舞台のイメージが強いかもしれませんが、これらの災害もまた地域の歴史の一部であることがわかります。

→【コラム9】地震と液状化現象　121頁

参 加納靖之「1854年伊賀上野地震の際に伏見で発生した局所的な液状化被害地点の検討」、京都府埋蔵文化財調査研究センター「平成28年度伏見城跡発掘調査報告」

## 地震 130 京橋

伏見《ふしみ》の京橋《きょうばし》付近にあった旅籠《はたご》屋や商家が**文政《ぶんせい》の地震**（1830）で残らず破損したと「文政十三年寅《とら》七月二日京伏見大地震之《の》始末書」（九州大学附属図書館蔵）に記されています。特に古い家は段々と倒壊したとあり、余震のためと思われます。大名などが宿泊する本陣《ほんじん》では3軒のうち木津屋・北国屋で壁が崩れ、小さい建物などが倒れるなどしましたが、大した被害ではなかったようです。一方、大塚屋はすべて大破し、居住できない程の被害で休業したと記録されています。また本陣の機能を補う脇本陣3軒の内、和田屋は大塚屋と同様であると記されています。

## 地震 131 中書島

中書島《ちゅうしょじま》は名前のとおり川に囲まれた島のような場所ですが、かつては葭《よし》が生い茂った葭島《よしじま》だったようです。明治25年（1892）発行の旧版地形図（仮製図）を見ると「葭嶋新田《しんでん》」と書かれ、現在の中書島駅周辺は池だったことがわかります。江戸時代には遊郭がありましたが、**文政《ぶんせい》の地震**（1830）ではそれらの建物の多くが破損し、古いものは倒壊したと「文政十三年寅《とら》七月二日京伏見《ふしみ》大地震之《の》始末書」（九州大学附属図書館蔵）に記録されています。また場所は明記されていませんが、かつて葭島だったところを突き固めて家を建て連ねた場所では液状化が発生したようで、裂目から泥水がは

ね上がり庭先の池が土砂で埋まって平らになってしまったとのことです。

→【コラム9】地震と液状化現象　121頁

風水害

## 132 向島小学校　風災記念碑

**室戸《むろと》台風**（1934）の「風災記念碑」が京都市立向島《むかいじま》小学校の校庭にあります。同校では教員2名、児童13名が亡くなっており、負傷者70名を出しています。同碑は旧西陣《にしじん》小学校の記念碑と同じ様式となっており、発災1年後の昭和10年（1935）9月21日に起工されています。

→ 49 旧西陣小学校　花壇　記念碑

(参)植村善博「室戸台風による京都市とその周辺の学校被害と記念碑」

風水害

## 133 市田観世堤防

旧市田《いちだ》村字観世《かんぜ》にあった巨椋《おぐら》池の堤防

が**明治の水害**（1885）で100mほど決壊しました。同年の『日出《ひので》新聞』7月2日の記事によれば、洪水のときはいつも鴨川や桂川の水が淀《よど》城跡の北側で滞り、そのために宇治《うじ》川やその他の川が流れることができなくなって、逆流して巨椋池と宇治川の中間を浸水させて巨椋池に溢《あふ》れこんでいたとのことです。さらに、激しい洪水のときは宇治川堤防かこの観世あたりの堤防が決壊する地勢であると記しており、観世付近の堤防は大規模な洪水のたびに決壊を繰り返していたようです。

防災・学習

## 134 Hi-net久御山観測点

巨椋《おぐら》池という大きな池があったことをご存知の方は多いと思います。京滋《けいじ》バイパスの久御山《くみやま》ジャンクションの近くに、国立研究開発法人　防災科学技術研究所

（防災科研）が運用する高感度地震観測網（通称Hi-net＝ハイネット）の久御山観測点があります。ここは堆積層が厚いため、803mものボーリング（井戸）を掘って地震計を設置しています。Hi-netは体に感じないような小さな地震の揺れまで観測する設計になっています。このような観測をするためには柔らかい堆積層が邪魔になるので、このように深いところに地震計を設置するのです。

→【コラム1】地震をどうはかる？　22頁

## 地震 135 称名寺（法蓮寺）

久御山《くみやま》町の称名寺《しょうみょうじ》には、法蓮寺の旧仏とされる木造薬師如来坐像《もくぞうやくしにょらいざぞう》とともに、「法蓮寺堂再建記木札」が残されています。享保《きょうほう》13年（1728）に作成されたこの木札には「応永《おうえい》十四」年の「季春」に地震の被害にあい、お堂や仏像で破壊されたものがあったことが書かれています。この地震がどのような地震であったのか、京都の地震あるいは南海トラフの地震ではないかなど、さまざまに議論されていますが、同時代に書かれた史料のみを参照するならば、京都周辺で発生した地震と考えるのが良さそうです。

㊂加納靖之ほか「『法蓮寺堂再建記木札』と応永一四年の地震」

## 風水害 136 一口

淀《よど》川は洪水の際にしばしば逆流をおこしていましたが、江戸時代に台風による高潮が淀まで遡上《そじょう》したと思われる記録が残っています。『慶応事件記《けいおうじけんき》』の享和《きょうわ》2年（1802）5月28日の記録には、現大阪府枚方《ひらかた》市上島東町《かみじまひがしまち》では、水害のあと竹木が枯れて一帯に塩気が漂って井戸水も塩辛く、現大阪府高槻《たかつき》市上牧《かんまき》と、難読地名で有名な京都府久御山《くみやま》町一口《いもあらい》では真鯛《まだい》がとれたと聞いた、と記されています。

㊂木谷幹一「「慶応事件記」に記録された慶応4年の高潮災害」

## 風水害 137 水垂町

**明治の水害**（1885）のとき、桂川に面した水垂《みずたれ》地区は堤防が決壊して27戸が流失する大きな被害となりました。このとき流失を免れた家は、いち早く家の

建具をはずし、土壁を落として水流を受け流したために無事であったといいます。こうした災害への知恵はたびたび水害に見舞われてきたこの地域ならではの文化でしょう。舟運が盛んな地域であったため被災後はしばらく舟で生活を送ったそうです。本水害では桂川、宇治《うじ》川、木津《きづ》川の三川が合流する地点で水が滞り逆流現象が発生したため、流失した家財道具などは桂川の上流に流れ着いたそうで、上流の村々から送り返されてきました。当地区の墓地には当時の戸長《こちょう》（現在の町村長）であった勝山弥兵衛の顕彰碑が建っており、この水害からの復興に尽力したことが記されています。水垂地区は明治の淀《よど》川改良工事や平成の桂川の拡幅事業で2度の集落移転を迫られ、現在に至っています。

↓ 142 與杼神社

㊂浅井良亮ほか「京都市淀、水垂・大下津地域における治水・水害史と淀川改良工事」、大邑潤三「水垂の地形と淀水害史」

風水害

## 138 淀小橋

**明治の水害**（1885）では、桂《かつら》川に架かる多くの橋が流失しました。そうしたなかで淀《よど》小橋では橋の両端に舟を置いてこれに水を満たし、大きな石を橋の上に並べるなどの対応をしたために、橋が浮き上がることなく流失しなかったといいます。

㊂浅井良亮ほか「京都市淀、水垂・大下津地域における治水・水害史と淀川改良工事」、大邑潤三「水垂の地形と淀水害史」

風水害

## 139 納所町

明治18年（1885）7月5日の『日出《ひので》新聞』によると、**明治の水害**（1885）のとき、淀《よど》川の逆流により納所《のうそ》村の倉庫にあった久世《くぜ》郡役所の貯蓄米が浸水する恐れが発生しました。避難民に配る米が流失してはいけないため、これを救出しようとして大きな舟に移そうとしたところ、淀小橋の下手で舟が激流に巻き込まれそうになりました。船員は淀小橋に飛

びつき助かりましたが、舟は落花のごとく散乱して流失したとのことです。また救助米を炊こうとしましたが鍋釜も水没してしまったため、水泳の上手な人が潜水して探し出し、米を炊いたということです。

風水害

## 140 淀停留所跡

大正6年（1917）の淀《よど》川水害のとき、伏見《ふしみ》の三栖《みす》から流れ込んだ洪水流は京阪電鉄の線路沿いに流れ、淀に到達しました。このとき水勢が激しかったために線路が掘り起こされ、淀城前の停留所は跡形もなく流失しました。淀町では最も深い場所で3・9mが浸水し、住民は舟に乗って淀城天守台に避難したそうです。

↓149 宇治川 ③三栖の堤防、【コラム8】大正6年水害にみる淀川改良工事の効果と影響105頁

㊫浅井良亮ほか「京都市淀、水垂・大下津地域における治水・水害史と淀川改良工事」、大邑潤三「水垂の地形と淀水害史」

地震

## 141 淀城

推定される震央から20㎞ほど離れた淀《よど》城でも、**文政《ぶんせい》の地震**（1830）で被害が発生しています。『**内廻状留《うちかいじょうとめ》**』（国立公文書館蔵）によると櫓《やぐら》2か所が破損し、所々瓦や壁などが落ちたようです。ほかに土蔵1か所が破損し、城外では所々に地割れが発生しています。淀地域は総じて低湿地であるため、震央から離れていても地盤の影響で被害が大きかったのかもしれません。木津《きづ》川や宇治《うじ》川に架かっていた淀大橋・淀小橋・間小橋（孫橋か）は無事だったようです。

風水害

## 142 與杼神社

與杼《よど》神社は淀姫《よどひめ》社とも呼ばれ、かつては伏見《ふしみ》区水垂町《みずたれちょう》にありました。明治18年（1885）の水害をきっかけとした淀川改良工事にともない、水垂地区が集落移転を迫られたため、明治30年代に現在の淀城跡地に移転してきました。本殿と拝殿は国の重要文化財でしたが、昭和50年（1975）に子どもの花火遊びにより本殿は焼失してしまいました。

↓137 水垂町

参 與杼神社HP

## 143 地震 稲葉神社

淀《よど》城跡内にある稲葉《いなば》神社は、旧藩主である稲葉氏の祖先をまつっています。この神社に保管されていた文書《もんじょ》群のなかに『永代日記《えいたいにっき》』（「稲葉神社文書」京都市歴史資料館で写真帳閲覧可）があり、**寛文《かんぶん》の地震**（1662）について記した部分があります。

5月5日に京都から飛脚がやってきて、1日に大地震があり、御所では庭に避難したことや二条城ではたいしたことはないが「塀壁築地《ついじ》」が少々破損したことが伝えられています。最速で3日で京都・江戸間を運ぶ幕府公用の飛脚を利用したのでしょうか。小田原《おだわら》城主であった稲葉正則《まさのり》は当時幕府の老中でした。この日もお昼過ぎに江戸城から退出していたのですが、京都での大地震の情報を受け、再度江戸城に登城しています。

なお、同じ日記に「五月　朔日《ついたち》　午刻《うまのこく》　少地震」とあり、遠く離れた江戸でも地震の揺れを感じたのかもしれません。江戸付近での小地震の可能性もあります。

京都に残された史料で、江戸や小田原の様子や、遠方に伝わった京都の情報について知ることができるのもおもしろいですね。

## 144 風水害 淀大橋

淀《よど》町道路元標《げんぴょう》があるあたりから南南西にむかって、江戸時代には淀大橋が架けられていました。府道126号線を西岸寺の方向に進むと一旦低くなって再び高くなっていることがわかります。これは木津《きづ》川の旧流路を横断しているためで、高い場所はかつての堤防にあたり、古くからの集落が存在します。木津川が明治初期に現在の流路に付け替えられたため橋は不要となり、現在はその400mほど南の淀川改良工事で付け替えられた宇

治川に架かる橋が、淀大橋の名を引き継いでいます。なお木津川は寛永14年（1637）にも水害対策や家臣の居住地確保のために、藩主の永井尚政《ながいなおまさ》の手によって付け替えられています。

## 145 風水害 淀川顔町

明治30年（1897）頃からはじまった淀《よど》川改良工事により、宇治川は淀の北から南に大きく付け替えられました。しかし新流路は川顔《かわづら》や美豆《みず》の集落を分断する形となっており、計画を知った住民は見直しを要求したようです。しかし明治政府は治水による国家の公益を優先するとして工事を強行しました。これにより集落が分断されたため、現代でも宇治川を挟んだ両岸に「川顔」や「北川顔」という地名が残っています。

㊂浅井良亮「淀川改良工事と地域社会」

## 146 地震 石清水八幡宮

平安時代はじめからの歴史をもつ石清《いわし》水八幡宮《みずはちまんぐう》。2018年6月の大阪府北部の地震で石灯籠《いしどうろう》が複数倒れたことは記憶に新しいところです。この神社には地震のあとに祈祷《きとう》を命じられたという記録が多数あります。余震が続くなか、早くおさまるようにと祈祷したのでしょうか。境内の石灯籠の倒壊状況について検討した研究もあります。

㊂加藤護ほか「石灯籠の破損から歴史地震の強震動の特徴を推定することは可能か？」

## 147 防災・学習 八幡市立ふるさと学習館

市内の遺跡で発掘された土器や埴輪《はにわ》、昔の農具や生活道具などを展示しています。液状化痕跡の剥《は》ぎとり資料も保管されています。

→【コラム9】地震と液状化現象　121頁

## 148 地震 離宮八幡宮

大山崎《おおやまざき》町の離宮八幡宮《りきゅうはちまんぐう》。えごま油の製造とそれを扱っていた油座《あぶらざ》（組合のようなもの）で有名です。この離宮八幡宮は、**慶長《けいちょう》伏見《ふしみ》地震**（1596）で被害にあっています。「離宮八幡宮文書《もんじょ》」の『万記録《よろずきろく》』には、「閏《うるう》七月十二日大地震に御門破損」とあります。また、寛文《かんぶん》7年（1667）に書かれた「松田家文書」の「八幡宮造営修復願写《うつし》」には、「……寅《とら》卯《う》両年之《の》大地震ニ弥以《いよいよもって》大破申……」と書かれていて、これは**寛文の地震**（1662）による被害の記録と考えられます。

ふだん見慣れた地域の神社も、思いがけず、過去の地震を経験していることを感じていただければと思います。

㊜大山崎町歴史資料館「離宮八幡宮と中世の灯明油」

## 淀川改良工事による流路の変化

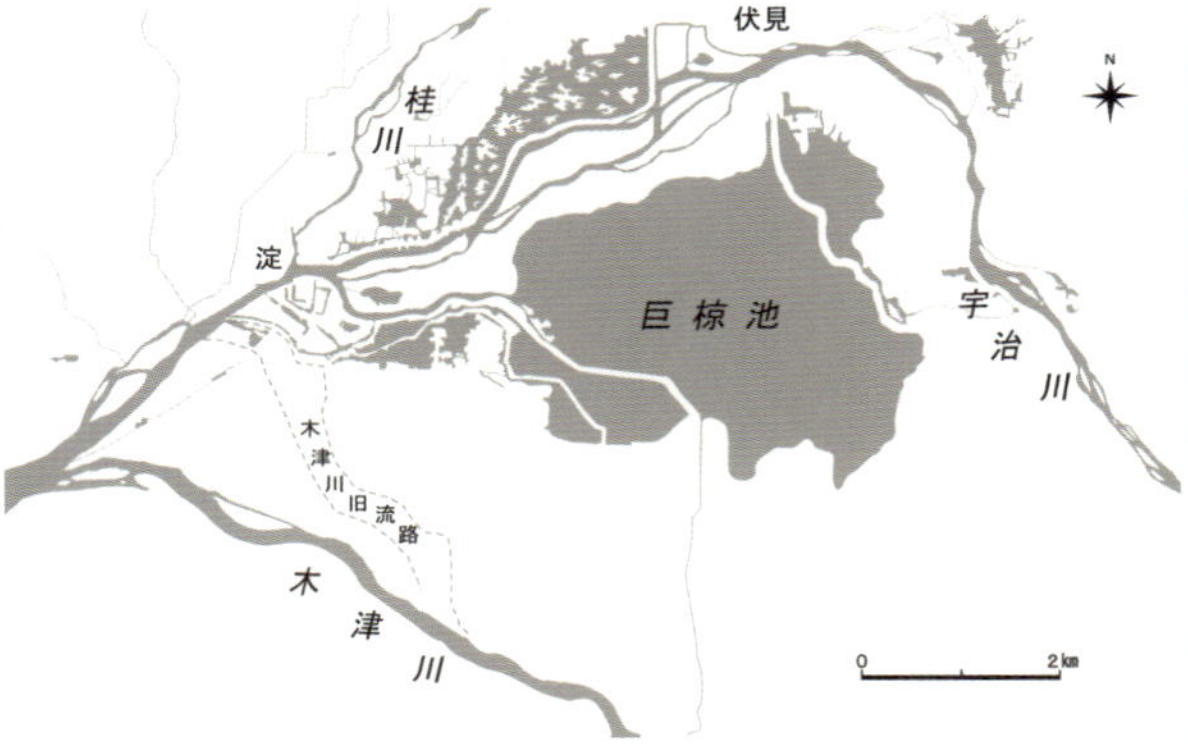


▲ 工事以前（明治23年（1890）測量2万分1仮製図よりトレース）

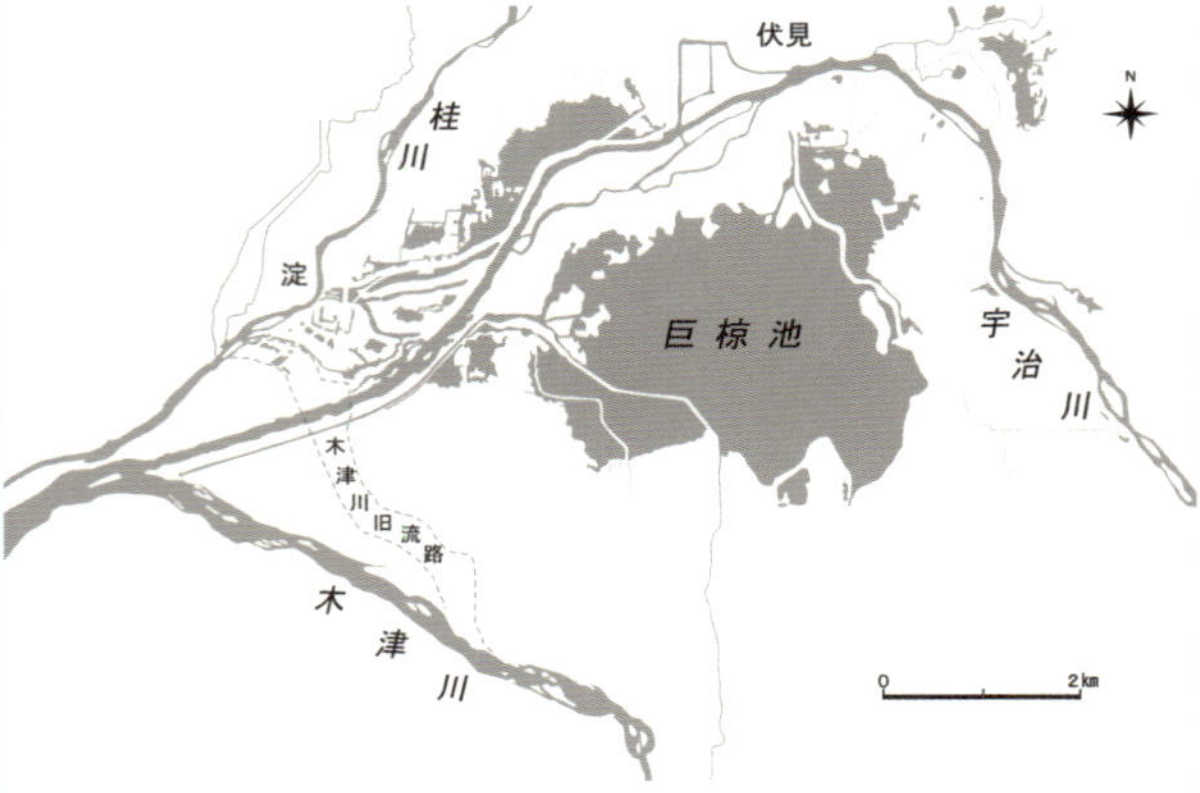


▲ 工事以後（明治42年（1909）測量2万分1仮製図よりトレース）

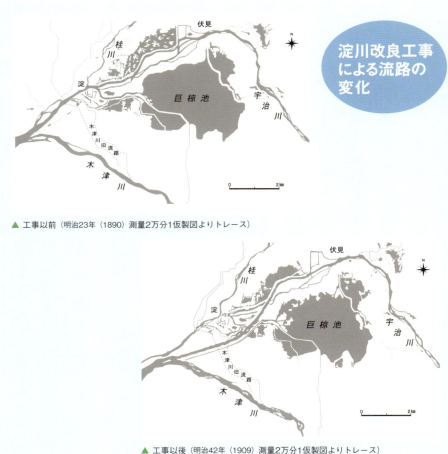

Column 8

# 大正6年水害にみる淀川改良工事の効果と影響

淀《よど》地域は、桂川、宇治《うじ》川、木津《きづ》川という流域の異なる3つの川が集中する珍しい地域で、かつては巨椋《おぐら》池という大きな湖沼も存在していました。地殻変動により京都盆地南部は沈降し、周囲の山地は隆起する傾向にあるため、盆地南部は水が集まりやすいが排水されにくい、まさに水淀む地域です。人々は昔からこうした環境に順応して生活を営んできました。自然堤防などの微高地上に土を盛って家を建て、低地は農地に、河川を運河に利用しました。特に舟運は盛んで、3つの河川は巨大な交通網の役割を担い、淀はその交通結節点となっていました。

一方で、毎年のように水害に悩まされており、作物が長期間水に浸かって、収穫が皆無となることも多かったようです。こうしたことから、大規模な河川改修が江戸時代から明治にかけて何度かおこなわれました。このうち最大といって良いのが**明治の水害**（1885）を契機として明治29年から着工された淀川改良工事です。日本初の大規模近代治水工事であるこの工事によって淀地域は大きく変化し、宇治川は巨椋池から完全に切り離されて淀地域の南に付け替えられ、桂川の川幅は拡張されました（右図参照）。また各河川沿いには強固な連続堤防が造られます。巨椋池は洪水時に滞った水を一時的に貯めておく、遊水池の役割を果たしていましたが、沿岸が度々浸水するため、宇治川上流の瀬田《せた》川に洗堰《あらいぜき》を建設して流量を調節し、これを遊水池機能の代わりとする計画でした（133 市田観世堤防を参照）。

淀川改良工事は完成しましたが、大正6年（1917）に再び大規模な水害が発生してしまいました。桂川と宇治川は計画以下の出水でしたが、木津川の想定外の増水により排水が阻害され、宇治川が伏見《ふしみ》まで逆流して支流の三栖《みす》堤防が決壊しました（149 宇治川 ③ 三栖の堤防を参照）。明治の水害と比べると堤防決壊箇所は減っており、工事の効果が見られましたが、支流の堤防にまで整備が及んでおらず、こうした弱い部分が決壊したようです。また宇治川を巨椋池から切り離したことにより、溢《あふ》れた水が行き場を失い、宇治川が伏見まで逆流したと考えられます。さらに淀町では、上流の決壊部分から流れ込んだ水を、人為的に堤防を破壊して排水しようとしており、整備された強固な連続堤が流れ込んだ水の排水を妨げる状況が発生していたようです。

大正6年の水害後には、水害で破壊された場所や強度不足の場所から工事がおこなわれました。またこの水害を契機として、木津川の計画高水流量が改定され、沿岸では水防組合が組織されていくことになります。

㊫ 大邑潤三「水垂の地形と淀水害史」

PICK UP

# 149 宇治川

## 1 文政地震の影響

地震 風水害

**文政《ぶんせい》の地震**（１８３０）では宇治川《うじ》にも大きな被害が出ました。「文政十三年寅《とら》七月二日京伏見《ふしみ》大地震之《の》始末書」（九州大学附属図書館蔵）によれば、豊後橋《ぶんご》（観月橋《かんげつきょう》）から宇治までの堤防（槇島堤《まきしまつつみ》）のうち、下嶋村から東目川村までは天端《てんば》（堤防の上）が大荒れとなり、１mほど落ち込んで亀裂が入ったようです。また向島村《むかいじま》から新田村までの堤防（小倉堤《おぐらつつみ》）は、槇島堤ほどではなかったが裂け割れたと記しています。地震後の7月18日の洪水では、東目川村の南で槇島堤が決壊し、宇治川の水の9割が巨椋池《おぐら》に流れ込み、小倉堤も3か所が決壊して淀《よど》に流れたようです。地震によって堤防が弱くなっていたために決壊しやすかったのかもしれません。このため伏見から淀の間の宇治川筋では水がほとんどなくなってしまい、川の中を歩けるほどになったそうです。また伏見から舟に乗ることができなくなったため、大坂（大阪）に行く人は淀まで行って乗船せねばならなくなったとの記録もあります。

## 2 旧堀内村宇治川支川締切箇所堤防

地震

昭和2年（１９２７）に発生した北丹後《たんご》地震では京都府北部の丹後半島の被害が激甚でしたが、１００㎞ほど離れた淀川水系の堤防にも亀裂が入ったり、液状化が発生する被害が発生しています。宇治川《うじ》でも紀伊郡堀内村（現伏見区）の宇治川支川締切箇所堤防護岸に亀裂が発生し補修がおこなわれました。ここは「宇治川に流れ込む支流を築堤のために締め切った場所」と「大正十四年　自昭和二年　至昭和三年　震災出水報告」（淀川河川事務所蔵）に記されており、現在の伏見区葭島矢倉町《よしじまやぐらちょう》付近であると推

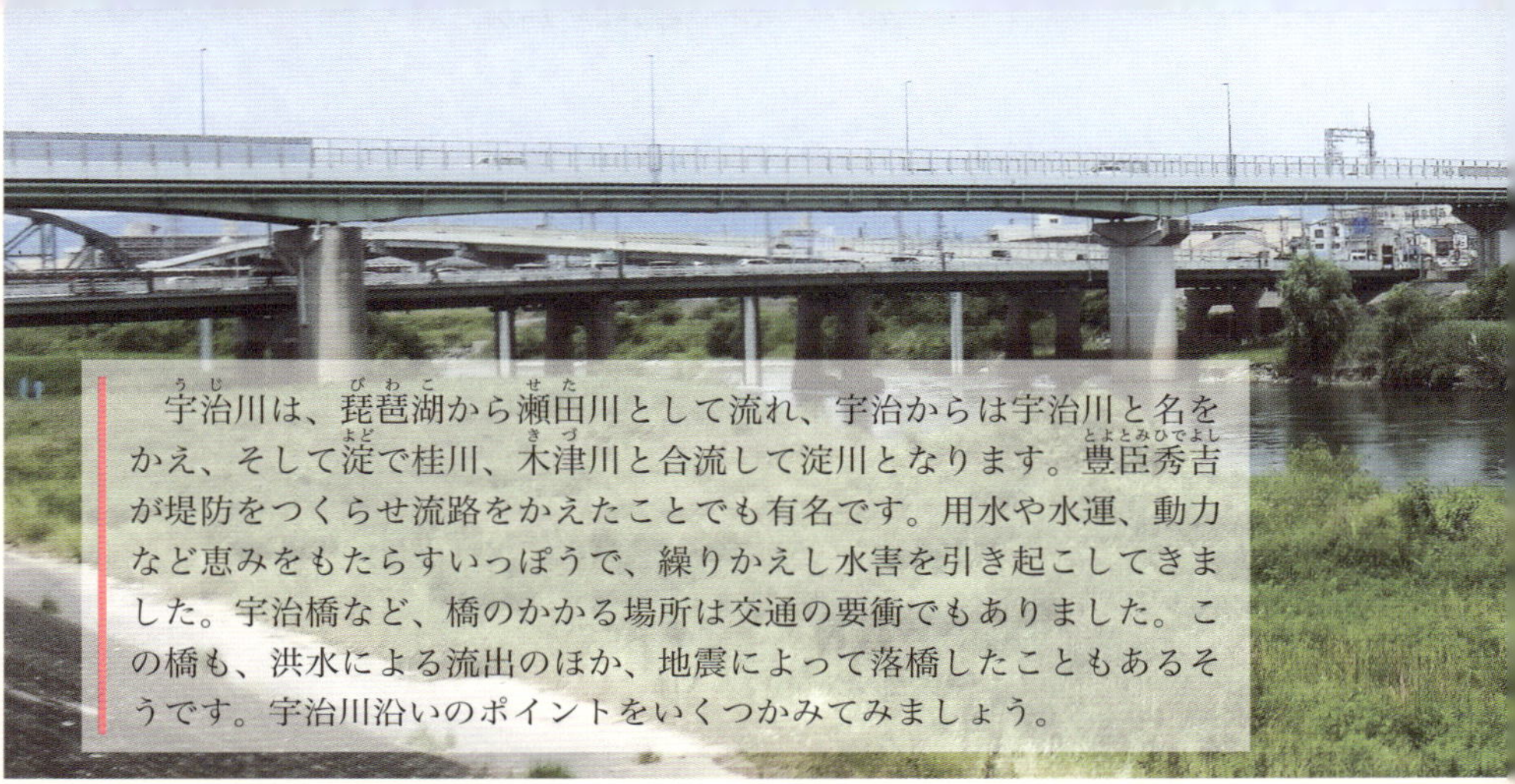

宇治川《うじ》は、琵琶湖《びわこ》から瀬田川《せた》として流れ、宇治からは宇治川と名をかえ、そして淀《よど》で桂川、木津川《きづ》と合流して淀川となります。豊臣秀吉《とよとみひでよし》が堤防をつくらせ流路をかえたことでも有名です。用水や水運、動力など恵みをもたらすいっぽうで、繰りかえし水害を引き起こしてきました。宇治橋など、橋のかかる場所は交通の要衝でもありました。この橋も、洪水による流出のほか、地震によって落橋したこともあるそうです。宇治川沿いのポイントをいくつかみてみましょう。

定されます。かつて川だった場所を人工的に埋め立てて堤防にした場所であるために地盤が悪く、そのために震央から遠く離れた場所でも被害が発生したと考えられます。

## 風水害 ③ 三栖の堤防

三栖《みす》付近の堤防は宇治《うじ》川と支川《しせん》の合流地点にあたるためか、たびたび決壊しています。明治29年（1896）の水害では亀裂が入り、明治36年の水害では決壊に至っています。大正6年（1917）の淀《よど》川水害では、淀川改良工事で補強されたためか宇治川本川などの堤防は無事でしたが、三栖の堤防が決壊し下流の横大路《よこおおじ》や淀一帯が浸水しました。早急に仮堤防が築かれましたが、10日後の暴風雨でもこの仮堤防を洪水が越え、再び一帯が浸水してしまいました。

㊜浅井良亮ほか「京都市淀、水垂・大下津地域における治水・水害史と淀川改良工事」、大邑潤三「水垂の地形と淀水害史」

## 風水害 ④ 伏見の水害対応

**明治の水害**（1885）のとき、伏見《ふしみ》は床上9m以上の浸水に見舞われたようです。同年7月4日の『日出《ひので》新聞』によると家々は水風呂に浸かったような状況で、低い場所の家は水上に屋根のみが出ている程だったようです。そのため二階のない家は、床の上に四斗樽《だる》をいくつも重ね、その上に板と畳を敷いて避難し、戸長《こちょう》役場から舟で運ばれる握り飯と梅干し、漬物をもらい、一命をつないでいたようです。

宇治・南山城
北
Web地図へ
150 笠取
西笠取川
石田
地下鉄東西線
山科川
六地蔵
六地蔵
木幡
木幡
151 能化院　不焼地蔵
京阪宇治線
黄檗
152 萬福寺
153 京都大学防災研究所
N
志津川
卍三室戸寺
三室戸
宇治川
宇治
154 宇治橋
宇治
平等院
157 興聖寺
158 志津川村碑
156
宇治郷での大火
155
塔の島・浮島十三重石塔
宇治市役所
159 K-NET 宇治観測点
160 宇治市歴史資料館
瀬田川
歩いて
約20分
時速３㎞として
0
500
1000 m

城陽
寺田
城陽市役所
161 五里ごり館（城陽市歴史民俗資料館）
南山城水害記念碑 163
長池
JR奈良線
富野荘
162 枇杷庄
近鉄京都線
K-NET 南山城観測点
178
177 災害記念塔
163
大河原
JR関西本線
木津川
山城青谷
307
京田辺
新田辺
南谷川
山城多賀
307
防賀川
京田辺市役所
164
大正池
興戸
同志社前
166 ＪＲ玉水駅の巨石と水難記念碑
玉水
167 石垣区公民館 水難者慰霊塔
JR三山木
三山木
165 玉川
N
南
JR学研都市線
近鉄宮津
170 不動川砂防歴史公園
168 災害記念塔
煤谷川
下狛
狛田
169 記念碑
不動川
鳴子川
24
海住山寺 176
棚倉
171 北河原区公民館 水害記念碑
車だと約４分
歩いて約40分
瓶原 175
163
祝園
新祝園
車：時速30kmとして
徒歩：時速３kmとして
174 京都府立山城郷土資料館（ふるさとミュージアム山城）
0
1
2 km
上狛
赤田川
木津川台
172 正覚寺 洪水供養石仏
173 三地震の供養塔
西木津
山田川
JR大和路線
木津川市役所
木津

風水害
## 150 笠取

宇治《うじ》市の山間地域では、土砂災害警戒区域等が広範囲に指定されています。傾斜地や平地部分などで繰り返し土砂災害が発生してきました。たとえば、西笠取《かさとり》の「山城国《やましろのくに》宇治郷《ごう》西笠取村二而地頭所《てじとうしょ》名寄《なよせ》并《ならびに》高附《たかつけ》之事《のこと》」(「村上照也家文書」宇治市歴史資料館で写真帳閲覧可)には、嘉《か》永《えい》元年(1848)の6月と8月の2度にわたる洪水によって、田が土砂に埋まってしまい、土地の境界や生産高がわからなくなってしまったために再度検地を実施したことが記されています。

火災
## 151 能化院　不焼地蔵

JR木幡《こはた》駅の南にある能化院《のうけいん》には不焼(やけず/やけん)地蔵と呼ばれる地蔵菩《ぼ》薩坐像《さつざぞう》(鎌倉時代、重要文化財)があります。この地蔵は平治《へいじ》の乱による火災の際に、みずから山中に避難したとの伝説があり、この名になったといわれています。また承久《じょうきゅう》の乱の兵火の折にも火中にありながら焼失を免れたとのことです。

㊜京都新聞HP「ふるさと昔語り」(116)やけん地蔵(宇治市木幡)、平凡社『日本歴史地名大系　京都府の地名』

地震
## 152 萬福寺

黄檗宗《おうばくしゅう》の大本山、萬福寺《まんぷくじ》。中国明朝《みんちょう》様式を取りいれた伽藍《がらん》配置になっています。このお寺で書かれた日誌に、江戸時代に発生した地震のことが書かれています。『(嘉永《かえい》七年)六月中日記』(宇治市歴史資料館で写真帳閲覧可)には、6月15日の「夜八ツ過《すぎ》より大地震致」「地震ニ付火之《の》用心可致申来《いたすべくもうしきたる》」と書かれています。**伊賀上野《いがうえの》地震**(1854)の時の萬福寺の様子がわかります。「二拾《じゅう》余年以来之事」ともあります。**文政《ぶんせい》の地震**(1830)から24年目になるのですが、そのとき以来の大きな揺れだったようです。そして、同じ年の11月には南海トラフで地震が発生します。『(嘉永七年)霜月中記《しもつきちゅうき》録《ろく》』(宇治市歴史資料館で写真帳閲覧可)の11月4日の部分には「今日五《いつ》ツ半過、凡《およそ》四《よ》ツ時分と申頃《もうすころ》大地震」「六月之地震ゟ《より》は洶《ゆり》方緩ク、少シ長方《ながきかた》ニ御座《ござ》候《そうろう》」とあります。こんどは海側で起きた巨大地震で、しかもいわゆる安政《あんせい》東海地震で少し震源が遠かったことから、ガタガタとでなく、ゆらゆらと揺れたように感じられたものと考えられます。地震学的にいえば長周期の地震動が感じられたということです。6月の地震（伊賀上野地震）のときの揺れと比較しているあたり、地震の研究者のような観察眼ですね。さすが、知識と教養のあるお坊さんといったところでしょうか。

　伊賀上野地震について書かれた部分には、「可懼者《おそるべきは》地震雷火事親父」とも書かれています。お坊さんがこのような感想をもったこともおもしろいですが、「地震雷火事親父」がこの時すでに使われていたというのも興味深いところです。「地震雷過事親父」という鯰絵《なまず》（ナマズを題材に描かれた錦絵《にしき》（木版画）の総称）があります。これは安政《あんせい》2年（1855）の江戸地震のあとに出版されたとされています。

　なお、京都大学防災研究所のある宇治《うじ》キャンパスは、萬福寺から線路をはさんで西側にあります。

## 防災・学習 153 京都大学防災研究所

「防災研究所は創設以来、自然科学から人文・社会科学にわたる災害学理の追求と、防災学の構築に関する総合的研究・教育に取り組んで」います。（ホームページの「理念・沿革」より）

　防災研究所は宇治川《うじ》の右岸《うがん》の京都大学宇治キャンパスにあります。京阪電車の中書島《ちゅうしょじま》～淀《よど》間の車窓に見える宇治川オープンラボラトリーのほうがお馴染《なじ》みの方も多いかもしれません。これらのほかにも全国に観測所等をもつ研究所です。現在は総合防災、地震・火山、地盤、大気・水の4つの研究グループがあり、防災や災害軽減に関する研究を進めています。

　毎年秋には公開講座、10月の土日にはオープンキャンパスを実施しています。詳細は、防災研究所広報出版企画室までお問い合わせください。

## 154 宇治橋

地震 風水害

長い歴史をもつ宇治《うじ》橋。災害とも無縁ではありません。地震や洪水で何度も落ちたり通行不能になったりしています。**文政《ぶんせい》の地震**（1830）の半月後の洪水では、宇治橋が流失したようです。流失した宇治橋が下流に流れて伏見《ふしみ》の豊後《ぶんご》橋（観月橋《かんげつきょう》）にひっかかり、そのために豊後橋も流失しそうになったが、橋の上流で堤防が決壊したため、大破したものの無事だったと『甲子夜話《かっしやわ》』続篇巻之五十が記しています。

また**伊賀上野地震《いがうえののじしん》**（1854）の際の記録もあります。宇治市役所所蔵文書の宇治郷《ごう》『留日記《とめにっき》』には、「一、当月十五日朝丑之《うしの》刻《こく》ゟ《より》大地震候《そうろう》」「一、御橋台西・方河附石垣九間《けん》弐《に》尺五寸崩所出来《しゅったい》」「一、御高札場《こうさつば》石垣六尺崩所出来」とあり、橋の西岸の川沿いの石垣や高札場の石垣に被害が出ていることがわかります。また、伊賀上野地震はちょうどお茶壺《ちゃつぼ》道中の時期にあたっていて、同じ『留日記』には、宇治郷から道中の槙島《まきしま》村や向島《むかいじま》村に対して、地震で傷んだ周辺の道路を、お茶壺の移動に支障のないように修繕するよう通告したことが書き留められています。

## 155 塔の島・浮島十三重石塔

風水害

宇治《うじ》川は何度も洪水を繰り返してきました。たとえば宝暦《ほうれき》13年（1756年）の洪水の様子を記録した「橋姫《はしひめ》流出之《の》控」（「宇《う》治上《じがみ》神社文書《もんじょ》」宇治市歴史資料館収蔵）には、橋姫神社が流出し、堤防が決壊し、現在も塔の島に建っている十三重石塔が倒壊したことなどが記録されています。その後150年近く川の底に沈んでいたこの石塔は明治41年（1908）に復興されました。お花見や鵜飼《うかい》などを楽しむ風景のなかに、自然災害との関連があるものもあることを知っていただけたらと思います。

㊂「宇治市探検 ㊾ まぼろしの浮島十三重塔再建」

## 156 宇治郷での大火

火災

大火といえば、江戸や京都で繰り返し発生した火災が有名ですが、『宇治《うじ》市史』には、宇治での大火・火災についてもまとめられています。なかでも寛文《かんぶん》10年（1670）の大火では宇治橋通の北側が類焼したとされ、多くの茶師、茶園が被災し120軒余りの民家も焼失したそうです。また、元禄《げんろく》11年（1698）の大火は、宇治郷《ごう》町西端の茶師の酒田宗有家（現在の宇治弐番《にばん》付近）から出火し、「おり

からの西風にあおられて、町筋を扇の末の広がるごとく東の方へと燃えひろがり、「宇治川の西岸に至って火勢漸《ようや》く弱まった」とのことです。「興聖寺《こうしょうじ》門前にまで飛火」し、茶園10町（約10ha、3万坪）、家数550軒を焼失したとされています。平等院の楼門も焼失したそうです（いずれも『宇治市史』より）。

三室戸《みむろと》寺の業務日記である『大善院日記』には、小規模な火災もたくさん記録されています。火の用心を心がけたいものです。遠方の火事なども記録されており、火災が当時の人々にとってニュース性のある関心事であったことがわかります。見舞いをしなければならないといった事情もあったのかもしれません。

参 林屋辰三郎・藤岡謙二郎編『宇治市史3 近世の歴史と景観』

## 地震 157 興聖寺

興聖寺《こうしょうじ》は宇治《うじ》川から少し坂をのぼったところにある曹洞宗《そうとうしゅう》の寺院です。慶安《けいあん》元年（1648）、淀藩主永井尚政《ながいなおまさ》が、伏《ふし》見《み》城の遺構を用いて本堂、開山堂、僧堂、庫院、鐘楼、山門などの諸堂を建立整備し、現在の地に再建し、その復興再建に尽力したのだそうです。

**伊賀上野《いがうえの》地震**（1854）では興聖寺

にも被害が出ています。石灯籠《いしどうろう》や石塔、土塀などが破損したという記録が残っています（「興聖寺文書《もんじょ》」『萬筆記』宇治市歴史資料館で写真帳閲覧可）。石塔は今でも山内に建っています。

## 火災 158 志津川村碑

宇治《うじ》市の神女《しんにょ》神社の入口にある「志津《しづ》川《かわ》村碑」には「此村《このむら》天明壬寅乃《てんめいじんいんの》火災に罹《かかる》由《よし》、旧記灰燼《かいじん》して、其《そ》の来歴を知る人なし遺憾と言べし」と書かれ、天明2年（1782）に志津川村で火災があったこ

とがわかります。火災で村の記録が焼けてしまったため、それ以前のことがわからない、とのことです。

志津川地区は、平成24年（2012）の豪雨災害で大きな被害が出ました。天明2年以前の地元の記録はないことになりますが、宇治市に残る記録には、山あいでたびたび土砂災害が発生していることが記録されています。災害の歴史も忘れず、将来起こりうる災害に備えたいと思います。

ちなみに「壬寅《じんいん》」は十干《じっかん》十二支で、同じ組み合わせになるのは60年に一度なので、元号と組み合わせて記載されていればたいてい年代を特定できます。

## 159 防災・学習 K-NET宇治観測点

国立研究開発法人防災科学技術研究所（防災科研）が運用するK-NETの宇治《うじ》観測点。宇治市文化センターの敷地内にひっそりと設置されています。震度情報では「宇治市折居台《おりいだい》」と表示されます。いっぽう「宇治市宇治琵琶《びわ》」と表示されるのは気象庁の観測点で、1996年4月に設置されたものです。

→【コラム1】地震をどうはかる？ 22頁

## 160 防災・学習 宇治市歴史資料館

年数回の展覧会のほか歴史講座なども開催されています。『宇治《うじ》市史』の編さんの際に調査された史料を写真帳で閲覧することができます。

## 161 防災・学習 五里ごり館（城陽市歴史民俗資料館）

城陽《じょうよう》市の歴史について、古代から近現代までを通史的に紹介する常設展示室と、特別展や企画展を開催する特別展示室を備える施設です。「五里《ごり》ごり館」という愛称は、城陽市が京都から五里（約20㎞）、奈良から五里に位置することに由来するそうです。『城陽市史』に用いられた編さん資料も保管されています。過去の人々が書き残した記録類も閲覧でき、興味は尽きません。

## 地震 162 枇杷庄

木津《きづ》川右岸《うがん》の城陽《じょうよう》市枇杷庄《びわのしょう》。ここの堤防が、**寛文《かんぶん》の地震**（１６６２）で被災したという記録があります。広島大学所蔵「猪熊文書《いのくまもんじょ》」の『近衛《このえ》家日記』に、「枇杷庄八堤ユ（揺）リコム由《よし》注進申上《もうしあげ》」とあるのです。枇杷庄には近衛家の領地があったことから、木津川の堤防の被害について報告があがったものと考えられます。

## 風水害 163 南山城水害記念碑

宇治田原《うじたわら》町郷之口《ごうのくち》川東《かわひがし》の田原川と犬打《いぬうち》川の合流点に**南山城《やましろ》水害**（１９５３）を記念する「南山城水害記念碑」があります。傍らに建つ「水害記念碑之《の》記」は水害より３年後の昭和31年（１９５６）８月15日の日付になっており、当時の状況と水害を克服した偉業を後世に残すために碑を建てたことが記されています。

## 風水害 164 大正池

大正《たいしょう》池は**南山城《やましろ》水害**（１９５３）のときに決壊し、下流部に甚大な被害をもたらしました。現在大正池と呼ばれる溜池《ためいけ》は、同じく決壊した旧二ノ谷池があった場所に復旧事業の一環で築造されたもので、旧大正池は今の大正池の東に隣接していました。旧二ノ谷池は安政《あんせい》５年（１８５８）にはあったとされ、旧大正池は大正天皇御大典《ごたいてん》（即位関連儀式）の記念

事業として築造されたものです。旧大正池と旧二ノ谷池はほぼ同時に決壊したと思われ、大正池は堤の中央部が水圧によって破壊されたか、溢水流《いっすいりゅう》によって上方から破壊されたと推測されます。現在、旧大正池の跡地はグラウンドに転用されています。

参 井手町史編集委員会編『南山城水害誌』

風水害

## 165 玉川

**南山城《やましろ》水害**（1953）では玉《たま》川の決壊によって大きな被害が発生しました。上流の旧大正《たいしょう》池と旧二ノ谷池が決壊したことで玉川も決壊し、人家267戸、玉水駅《たまみず》、井手《いで》町役場、町立小学校などが流失倒壊、300戸が浸水しました。玉川の下流部は、水が人家などが建つ面より高い所を流れる天井川となっており、この部分が主に決壊しています。降水量の多さと、溜池《ためいけ》の決壊という条件に加え、玉水集落が天井川よりもはるかに低い場所に位置していたことが甚大な被害となった原因と考えられます。

玉川の下を通るJR

参 京都府立山城郷土資料館『水とのたたかい』、井手町史編集委員会編『南山城水害誌』、小池洋一「水害の地域的研究」

風水害

## 166 JR玉水駅の巨石と水難記念碑

**南山城《やましろ》水害**（1953）のとき、玉《たま》川が決壊して玉水《たまみず》駅が流失しました。玉水駅にはこのときに流れ着いた約6tの巨石が保存されています。傍らには昭和56年（1981）に建立された「水難記念碑」があり、被害と巨石の由来を伝えています。駅の建て替え工事にともない撤去も検討されていましたが、保存運動もあってホーム上から階段下に移動して残されることになりました。

参 京都府立山城郷土資料館『水とのたたかい』

風水害

## 167 石垣区公民館 水難者慰霊塔

井手《いで》町柴木田《しばきだ》の石垣区公民館には**南山城《やましろ》水害**（1953）の「水難者慰霊塔」が建っています。発災1年後の昭和29年（1954）8月に建てられたもので、水害10年後の昭和38年には慰霊塔の前で追悼法要がおこなわれました。また水害が発生した8月15日をノーモア水害デーと定め、毎年慰霊塔前で読経がおこなわれ、犠牲者の冥福を祈るとともに水災を受けない町づくりを誓い合うとのことです。

㊂井手町史編集委員会編『南山城水害誌』

風水害

## 168 災害記念塔

山城《やましろ》町綺田《かばた》西《にし》ノ《の》城《じょう》の不動川と天神川に挟まれた田園地帯に、「復興　災害記念塔」と彫られた**南山城《やましろ》水害**（1953）の記念碑が建っています。

風水害

## 169 記念碑

山城《やましろ》町平尾《ひらお》綾杉河原《あやすぎがわら》に**南山城《やましろ》水害**（1953）の「記念碑」があります。水が人家などが建つ面より高い所を流れる天井川である不動川は、水害のとき、2か所で決壊し北平尾地区の集落が濁流の直撃をうけ、24名の犠牲者を出しています。流出土砂量もきわめて多く、奈良線が天井川下を通るトンネルを埋めてしまうほどであったそうです。

㊂井手町史編集委員会編『南山城水害誌』

防災・学習

## 170 不動川砂防歴史公園

不動川の上流に砂防《さぼう》歴史公園があります。もともとこのあたりは風化しやすい花崗岩《かこうがん》地帯ですが、江戸時代から草木の過度な伐採がおこなわれていたこともあり、山々はハゲ山となって雨が降るたびに多くの土砂が不動川を流れ下り、木津《きづ》川に流入していました。淀《よど》川治水の観点からこれを重く見た明治政府は、オランダの技術者であるヨハニス・デ・レーケの指導のもと砂防工事をおこないました。ここにはデ・レーケの設計と指導による石積堰堤《いしづみえんてい》が今でも残っており、ヨーロッパ式の砂防技術が最初に日本に導入された地として、京都府により公園として整備されています。

参 京都府立山城郷土資料館『水とのたたかい』

▲ 不動川上流と思われるハゲ山
（京都府立京都学・歴彩館蔵／京の記憶アーカイブ「琵琶湖疎水工事写真帖」）

風水害

## 171 北河原区公民館　水害記念碑

山城《やましろ》町北河原古屋敷《きたかわらふるやしき》の北河原区公民館に**南山城《やましろ》水害**（1953）の「水害記念碑」があります。

風水害

## 172 正覚寺　洪水供養石仏

正覚寺《しょうがくじ》には正徳《しょうとく》2年（1712）に発生した木津《きづ》川洪水の死者を供養するために作られた石仏があります。三回忌にあたる正徳4年に建立されたもので、もともと木津川堤防にありましたが正覚寺に移されました。本洪水は風雨が強かったとの記録から台風によるものと考えられ、石仏の台座には「死するもの幾千人」と記されています。この洪水のあと、祝園《ほうその》や加茂《かも》では一部の集落が洪水を避けて移転したと伝えられています。

参 京都府立山城郷土資料館『水とのたたかい』

地震

## 173 三地震の供養塔

お寺の境内の片隅に大正12年（1923）の大正関東地震（関東大震災）、大正14年（1925）の北但馬《たじま》地震、昭和2年（1927）の北丹後《たんご》地震の3つの地震をあわせた供養塔が建っています。供養塔には「関東但馬丹後大震火災死者大菩提《ぼだい》」と彫られ五輪塔の形状をしています。なぜここに建立されたのかなど詳しい経緯はわかりません。大正末期から昭和初期にかけて3つの地震が相次いで発生したことを象徴する供養塔です。

防災・学習

## 174 京都府立山城郷土資料館（ふるさとミュージアム山城）

南山城《やましろ》地方の歴史と文化を調査研究しています。常設展・企画展・特別展のほか各種講座が開催されています。

地震

## 175 瓶原

**伊賀上野地震**《いがうえの》（1854）では、京都府南部でも大きな被害が出ています。木《き》津川《づがわ》市加茂《かも》町の瓶原《みかのはら》では、液状化被害が発生したと思われる記録があります。伊賀上野地震という名前からすると、三重県側で被害が大きかったように感じるかもしれませんが、震源は三重、奈良、京都の県境付近とされています。木津川沿いの地域で土砂災害や液状化被害が広く見られました。

→【コラム9】地震と液状化現象 121頁

地震

## 176 海住山寺

木《き》津《づ》川《がわ》市の海住山寺《かいじゅうせんじ》には、**寛文**《かんぶん》**の地震**（1662）で被害を受けた記録があります。『海住山寺古書』には「同（寛文二年）五月朔日《ついたち》大地震越月《つきをこして》不止《やまず》、依之《これによりて》塔婆《とうば》傾《かたむく》コト如前《さきのごとく》瓦水煙《すいえん》破損ス、直之《これをなおす》」と書かれています。現在国宝に指定されている五重塔にも被害があったのでしょうか。

なお、2018年6月の大阪府北部の地震では五重塔の相輪《そうりん》の一部が破損し落下しました。

風水害

## 177 災害記念塔

南山城《やましろ》村北大河原《おおかわら》北垣内《がいとう》に**南山城**《やましろ》**水害**

（1953）の「災害記念塔」が建てられています。表には「復興　災害記念塔」とあり、裏面には、発災3年目の昭和31年（1956）8月15日の日付で、ようやく復旧半ばとなり、石碑を建立して惨状を記し後世に遺《のこ》すと記されています。

防災・学習

## 178 K-NET 南山城観測点

南山城《やましろ》村にも国立研究開発法人防災科学技術研究所（防災科研）が運用するK-NETの観測点があります。震度情報では「南山城村北大河原《おおかわら》」と表示されます。なお、**伊賀上野《いがうえの》地震**（1854）の震源域には南山城村も入っていると考えられます。

↓【コラム1】地震をどうはかる？　22頁

## 南山城水害の記録写真

▲「国鉄玉水駅流失跡」

▲「濁流にのまれる民家―井手町―」

▲「木津川の濁流に押流された旧泉大橋」

いずれも京都府立京都学・歴彩館／京の記憶アーカイブ
（左上『両山城地方水害写真』京都府綴喜地方事務局、それ以外『南山城災害写真帳』京都府）

Column 9

# 地震と液状化現象

地震の際にたびたび発生する地盤の液状化現象。地震の強い揺れによって、地下の水を含んだ地層が流体のようになり、地盤の弱いところや井戸などの人工の通り道を通って地上に吹き出したり、上に乗っている地盤や建物ごと移動したりします。２０１１年東北地方太平洋沖地震（東日本大震災）や２０１８年北海道胆振《いぶり》東部地震の際にも、液状化現象による被害が発生し大きな注目を集めました。

この液状化現象が人々の知るところになったのは、１９６０年の新潟地震とされています。では、液状化地震は新潟地震からしか確認されていないのでしょうか？ そんなことはありません。むかしの人々も液状化現象を体験し、さまざまに書き残しています。たとえば、地震の際に「田から泥水が吹き出した」「その泥水は異様な臭いがした」などというものです。「伏見《ふしみ》・淀《よど》」エリアで紹介した岡山藩伏見屋敷での液状化なども、そのよい例です。

液状化現象は、史料だけでなく地面にもその痕跡を残します。遺跡の発掘現場から液状化の痕跡が検出されることがあるのです。現代の地震の際にみられる地表に噴出した泥砂《でいさ》や、泥砂で埋まった流路がそれを供給した地層につながっている様子が観察できます。細く脈状に残っている場合は、砂脈《さみゃく》と呼ばれることもあります。いずれも、その地点が過去の地震で強く揺れたことの証拠になります。考古学的な分析によって、上下の地層の年代を推定できれば、その液状化を引き起こした地震の年代も推定できます。このように、考古学的な手法を用いて過去の地震を調べる研究分野を、地震考古学といいます。

ある地点での液状化の発生しやすさ（しにくさ）は、地盤と地下水面の条件、そして地震による揺れの強さによって決まります。海や川、湖沼などを埋め立てた場所や、過去に河川が流れていた場所などは液状化が発生しやすい傾向があります。自治体によっては、ハザードマップのひとつとして地域ごとの液状化しやすさを地図で発表しているところもあります。身近な場所の液状化の可能性について、あるいは、過去に液状化現象が見られたかどうかについて、いちど調べてみてもよいと思います。

液状化剥ぎとり標本（八幡市立ふるさと学習館蔵）

**監修者** **橋本　学**　はしもと まなぶ
京都大学防災研究所・所長

**著　者** **大邑潤三**　おおむら じゅんぞう
東京大学地震研究所・特任研究員

**加納靖之**　かのう やすゆき
東京大学地震研究所／地震火山史料連携研究機構・准教授

●本書の写真掲載にあたっては、著者・編集部撮影のほかに、以下の方より写真提供、撮影・掲載の許可をいただきました。記して感謝申し上げます。（五十音順、敬称略）

**2019年5月18・19日に行った「京都の災害をめぐる」まち歩き参加者**
小林孝夫、たけちゃん、田中伸明、ほかの方から写真提供を受けました。

**そのほか写真提供・撮影の許可をいただいた先**
adobe stock、圓通寺、亀岡市文化資料館、元興寺文化財研究所、鳩居堂、京都市生涯学習センター（京都アスニー）、京都市市民防災センター、京都市青少年科学センター、京都市埋蔵文化財研究所、京都市立西院小学校、京都市立向島小学校、京都市歴史資料館、京都新聞社、京都大学総合博物館、京都大学防災研究所、京都府立桃山高等学校、京都平安文化財、高山寺、国際日本文化研究センター、正覚寺、清浄華院、東京大学地震研究所、pixta、妙蓮寺、旧西陣小学校、山中油店、八幡市立ふるさと学習館、りくべつ宇宙地球科学館
デジタルアーカイブとして史料を公開されている各館（写真脇に所蔵を明記）

# 京《きょう》都《と》の災《さい》害《がい》をめぐる

2019年9月30日　初版発行

**監修者**　橋本　学

**著　者**　大邑潤三・加納靖之

**発行者**　原　宏一

**発行所**　合同会社小さ子社
〒606–8233 京都市左京区田中北春菜町26-21
電　話 075-708-6834
F A X 075-708-6839
E-mail info@chiisago.jp
https://www.chiisago.jp

**装　丁**　上野かおる　大田高充

**印刷・製本**　シナノパブリッシングプレス

ISBN 978-4-909782-03-8

# あとがき

京都は長い歴史を有する故に多くの災害に見舞われ、その記録も豊富に残っています。大学の講義を担当する中でも、これらを一般向けに紹介し、教育現場でも防災や地理教育の教材として活用できる入門書がほしいと思っていました。

今回収録した災害は近世・近代のものが中心となりました。紹介したものは一握りにすぎず、地域も大きく偏っています。史料や街角にはまだ多くの災害の記憶が眠っています。今後もそうした記憶をまとめていくつもりです。

最後になりましたが、これまでご指導頂いた植村善博先生、立命館大学歴史都市防災研究所のプロジェクトでお世話になった先生方、研究成果を引用させて頂いた方々、ご協力頂いた各資料館の皆様に感謝を申し上げます。また原稿のチェックを担当頂いた山村紀香さん、濱野未来さん、出版前のまち歩きイベントからお世話になった小さ子社の原さんご夫妻の協力がなければ本書は実現しませんでした。

また、公私にわたりお世話になり今年傘寿を迎えられる北原糸子先生に、これまでの感謝と祝意を込めて本書を捧げたいと思います。

本書がまち歩きをしながら楽しく災害について考えるきっかけとなり、将来の防災や減災につながることを願ってやみません。

大邑　潤三

「京都は千年の都というくらいだから災害はないところだと思っていました」

ある講演会で歴史上の地震についてお話ししたあとで、このような感想をいただきました。私たち専門家が知っていることが、一般の方にはうまく伝わっていない、ということを実感した瞬間でした。自分が住んでいる土地で（安全どころか）過去に繰りかえし災害が発生している、という感覚を持っていただくことが、将来の災害に対して備えようとすることにつながるのではないか、と思いながらこの本をつくりました。読売新聞の林記者による連載「地震の記憶　歴史は語る」は、このようなアイデアの後押しになりました。京都大学防災研究所広報出版企画室の佐伯かおるさんには研究広報でお世話になりました。京都大学古地震研究会の仲間たちとの学びは、調査の土台になっています。いまは東京で働いていますが、学生のころからずっとお世話になってきた京都の皆さんにご活用いただければ幸いです。

加納　靖之

## ■参考文献一覧


辞　典

『日本歴史地名大系　京都市の地名』平凡社，1979年.

『日本歴史地名大系　京都府の地名』平凡社，1981年.

『国史大辞典』全15巻，吉川弘文館，1979～1997年.

『日本国語大辞典（第2版）』全14巻，小学館，2000～2002年.

文　献

「宇治市探検⑲ まぼろしの浮島十三重塔再建」『宇治市政だより』平成30年（2018年）6月15日号.

淺井良亮「淀川改良工事と地域社会」『交通史研究』81，2013年.

淺井良亮・大邑潤三・植村善博「京都市淀、水垂・大下津地域における治水・水害史と淀川改良工事」『京都歴史災害研究』14，2013年.

浅見和彦訳・注『方丈記』笠間書院，2012年.

井手町史編集委員会編『南山城水害誌』井手町史シリーズ特別編，井手町，1983年.

伊藤節子「近代における祇園祭山鉾巡行の継続に関する考察」観光研究29，2017年.

伊東宗裕「京都の火災図 京都市歴史資料館蔵大塚コレクションについて」『京都歴史災害研究』9，2008年.

井上頼寿『京都民俗志』2003年.

岩橋清美・片岡龍峰『オーロラの日本史─古典籍・古文書にみる記録─』平凡社，2019年.

植村善博『京都の治水と昭和大水害』文理閣，2011年.

植村善博「室戸台風による京都市とその周辺の学校被害と記念碑」『京都歴史災害研究』19，2018年.

植村善博「室戸台風による京都市の「師弟愛の像」建立とその変遷」『京都歴史災害研究』20，2019年.

大邑潤三「文政京都地震（1830）による被害と起震断層の再検討」『歴史地震』29，2014年.

大邑潤三「文政京都地震（1830）における北野天満宮の被害記録と流言の検証」『歴史都市防災論文集』8，2014年.

大邑潤三「水垂の地形と淀水害史」植村善博・大邑潤三編『京都南、移転集落水垂の歴史と生活』文理閣，2015年.

大邑潤三・塚本章宏・北原糸子「京都天明大火における大名火消の実態」『京都歴史災害研究』14，2013年.

大邑潤三・西山昭仁「1830年文政京都地震における京都盆地北部の被害と被害要因の整理」『歴史地震』33，2018年.

大山崎町歴史資料館「離宮八幡宮と中世の灯明油」第22回企画展図録，大山崎町歴史資料館，2014年.

岡田篤正・東郷正美編『近畿の活断層』東京大学出版会，2000年.

片平博文「貞和五年（1349）における堀川および鴨川の洪水」『京都歴史災害研究』18，2017年.

加藤護・日岡惇「北野天満宮の石灯籠建立時系列に記録された京都市街の歴史地震動」『地震　第2輯』68, 2015年.
加藤護・日岡惇「石灯籠の破損から歴史地震の強震動の特徴を推定することは可能か？―北野天満宮及び石清水八幡宮における検討―」『地震　第2輯』68, 2016年.
加納靖之・大邑潤三・山村紀香ほか「『法蓮寺堂再建記木札』と応永一四年の地震」『地震　第2輯』72, 2019年.
加納靖之「1854年伊賀上野地震の際に伏見で発生した局所的な液状化被害地点の検討」『自然災害科学』37, 2018年.
釜井俊孝『埋もれた都の防災学―都市と地盤災害の2000年―』京都大学学術出版会, 2016年.
川崎一朗・高橋昌明・北原糸子ほか「京都御所泉殿地震殿の歴史と地震防災」『京都歴史災害研究』12, 2011年.
川崎一朗・岡田篤正・諏訪浩ほか「桂離宮とその周辺の水害リスク」『京都歴史災害研究』14, 2013年.
元興寺文化財研究所編『平安京六条二坊十二町跡烏丸綾小路遺跡』元興寺文化財研究所, 2019年.
木谷幹一「「慶応事件記」に記録された慶応4年の高潮災害――口村まで遡上した高潮記録―」『立命館地理学』27, 2015年.
北原糸子・大邑潤三「文政京都地震―地形と被害の関係についての考察―」吉越昭久・片平博文編『京都の歴史災害』思文閣出版, 2012年.
金度源・大窪健之・荒川昭治「明治期の防災設備「本願寺水道」の再生による防災水利計画の提案―歴史的な水利環境の防災活用を目指して―」『土木学会論文集D3（土木計画学）』69, 2013年.
京都市編『京都市風害誌：昭和九年九月二十一日』京都市, 1935年.
京都市土木局『水禍と京都』京都市土木局, 1936年.
京都市埋蔵文化財研究所編『京都市埋蔵文化財研究所発掘調査報告2012-25　平安京右京二条二坊十一町・西堀川小路跡、御土居跡』京都市埋蔵文化財研究所, 2014年.
京都市埋蔵文化財研究所編『京都市埋蔵文化財研究所発掘調査報告2016-2　平安京右京七条一坊七町跡』京都市埋蔵文化財研究所, 2016年.
京都市元離宮二条城事務所編『重要文化財二条城修理工事報告書　第7集（本丸御殿玄関）』元離宮二条城事務所, 1986年.
京都市役所編『京都市水害誌』京都市役所, 1936年.
京都新聞社「蛤御門の命名は元禄以前か 京都御苑, 通説遡る新史料」2016年4月28日記事.
京都地学教育研究会編『京都自然紀行―くらしの中の自然をたずねて―』人文書院, 1988年.
京都府埋蔵文化財調査研究センター「平成28年度伏見城跡発掘調査報告」『京都府遺跡調査報告集』175, 2018年.
京都府立山城郷土資料館編『水とのたたかい―南山城水害から50年―』展示図録25, 昭文社, 2003年.
清水寺史編纂委員会編『清水寺史　第2巻通史（下）』法藏館, 1997年.
諏訪浩「京都東山の土砂災害」吉越昭久・片平博文編『京都の歴史災害』思文閣出版, 2012年.
小池洋一「水害の地域的研究：南山城について」『人文地理』6, 1954年.
谷端郷「昭和戦前期の京都市における風水害に伴う被災社寺の分布とその特徴―1934 年室戸台風による風害と 1935 年京都大水害の事例―」『京都歴史災害研究』14, 2013年.
谷端郷「京都・鴨川の禹王伝説」『地理』63, 2018年.

谷端郷「ストーリー マップ　昭和10年京都市大水害」2018年　https://www.arcgis.com/apps/MapJournal/index.html?appid=e362eed8d3d64736914761bbfaff60ad
中央防災会議『1662 寛文近江・若狭地震 報告書』中央防災会議災害教訓の継承に関する専門調査会，2005年.
塚本章宏・中村琢巳・谷端郷ほか「近世京都における大火被災域の時空間的復原」『歴史都市防災論文集』6，2012年.
冨井眞「京都白川の弥生時代前期末の土石流」『京都大学構内遺跡調査研究年報』2000，2015年.
長尾泰源・谷端郷・麻生将「火災図を用いた「元治の京都大火」被災範囲の復原」『歴史都市防災論文集』6，2012年.
中川光・三品達平・竹門康弘「京都府鴨川下流域におけるアユ（Plecoglossus altivelis altivelis）の生息場所利用と成育状況」『応用生態工学』18，2015年.
中ノ堂一信「幕末期における京焼陶家の生活―三代亀亭和気平吉家を中心に―」『資料館紀要』6，1978年.
中村琢巳「京都市街地の寺社における歴史的建造物GISデータベース構築―歴史都市の文化遺産ストック評価―」『日本建築学会技術報告集』18，2012年.
中村琢巳・塚本章宏・林倫子「都市大火史からみた近世京都の景観研究：災害空間復原を通した近世都市開発と歴史的建造物の読解」『京都歴史災害研究』14，2013年.
那須明夫『橋辨慶町　帳箱の犇く文書』橋弁慶町，2016年.
西陣社会福祉協議会『西陣小学校学譜:125年の歩み』西陣社会福祉協議会，1995年.
西山昭仁「文政京都地震（1830年）における京都盆地での被害評価」『歴史地震』32，2017年.
西山昭仁・小松原琢「寛文二年（1662）近江・若狭地震における京都盆地での被害状況」『歴史地震』21，2006年.
服部健太郎・大邑潤三・中西一郎「1830年京都地震史料における，余震活動減衰式の当てはめるデータ範囲に関する考察―同一地点における余震回数の違いの原因―」『日本地球惑星科学連合2019年大会予稿集』MIS17-P15，2019年.
濱野未来「京都御所地震御殿の造営背景と配置変化の検討」『歴史地震』34，2019年.
林屋辰三郎・藤岡謙二郎編『宇治市史3　近世の歴史と景観』宇治市，1976年.
福井貫二『祇園祭山鉾巡行史：平成版（第5版）』祇園祭山鉾巡行史編纂委員会，2013年.
福原敏男『京都の砂持風流絵巻：武蔵大学図書館蔵絵巻』渡辺出版，2014年.
牧知宏「近世後期京都における災害対策と都市行政―安政3年（1856）加茂川土砂浚を事例に―」『歴史都市防災論文集』1，2007年.
巻島隆『江戸の飛脚―人と馬による情報通信史―』教育評論社，2015年.
松村博『京の橋物語』松籟社，1994年.
松浦静山著（中村幸彦・中野三敏校訂）『甲子夜話続編4（東洋文庫；375)』平凡社，1980年.
山田桂翁『宝暦現来集』巻之十九，1760年（森銑三・北川博邦『続日本随筆大成別巻7（近世風俗見聞集7)』吉川弘文館，1982年）
吉越昭久「京都・鴨川の「寛文新堤」建設に伴う防災効果」『立命館文學』593，2006年.
淀川・木津川水防事務組合事務局『水防50年史』淀川・木津川水防事務組合，1970年.
冷泉為人「公家町の災害と防災―内裏（仙洞・大宮）御所をめぐって―」立命館大学21世紀

COEプログラム・神奈川大学21世紀COEプログラム編『歴史災害と都市―京都・東京を中心に― 報告書』立命館大学21世紀COEプログラム「文化遺産を核とした歴史都市の防災研究拠点」・神奈川大学21世紀COEプログラム「人類文化研究のための非文字資料の体系化」研究推進会議，2007年

### Webなど

馬町空襲を語り継ぐ会HP　http://vinaccia.jp/umamachi/
尾池和夫「祇園祭と貞観地震」京都の地球科学（二五五）2015年07月号　http://catfish-kazu.la.coocan.jp/201507hm.html
尾野善裕「史跡・方広寺石塁」京都国立博物館HP　https://www.kyohaku.go.jp/jp/dictio/kouko/95siseki.html
京都市「景観重要建造物　指定一覧（平成31年3月29日現在）」https://www.city.kyoto.lg.jp/tokei/cmsfiles/contents/0000097/97154/keiijyushitei310329.pdf
京都市情報館HP「史跡御土居」https://www.city.kyoto.lg.jp/bunshi/page/0000005643.html（2019年5月閲覧）.
京都市情報館HP「京都市内の災害時協力井戸マップ」https://www.city.kyoto.lg.jp/gyozai/page/0000116289.html（2019年5月閲覧）.
京都市埋蔵文化財研究所・京都市考古資料館「リーフレット京都」https://www.kyoto-arc.or.jp/news/leaflet.html
京都新聞HP　観光アーカイブ「ふるさと昔語り」（116）やけん地蔵（宇治市木幡）2007年7月3日掲載　https://www.kyoto-np.co.jp/info/sightseeing/mukasikatari/070703.html
京都土木事務所HP「音羽川」http://www.pref.kyoto.jp/kyotodoboku/documents/otowapdf.pdf
国土地理院HP「GEONET GNSS連続観測システム」https://www.gsi.go.jp/eiseisokuchi/eiseisokuchi41012.html
国土地理院HP「水準点（高さを求める）」https://www.gsi.go.jp/sokuchikijun/suijun-top.html
地震調査研究推進本部地震調査委員会「有馬－高槻断層帯の評価」https://www.jishin.go.jp/main/chousa/01jun_arima/index.htm
地震調査研究推進本部地震調査委員会「三方・花折断層帯の長期評価について」2003年 https://www.jishin.go.jp/main/chousa/katsudansou_pdf/73_mikata_hanaore.pdf
地震調査研究推進本部地震調査委員会「三峠・京都西山断層帯の長期評価について」2005年 https://www.jishin.go.jp/main/chousa/katsudansou_pdf/78_mitoke_kyoto-nishiyama.pdf
清浄華院公式HP　http://www.jozan.jp/index.php?keidai（2019年5月閲覧）.
水火天満宮HP　http://suikatenmanguu.com/
與杼神社HP「ご由緒」http://www.yodojinja.com/yuisyo.php

### 史資料・WebGIS等（オープンなもの）

※【版】…木版刷りの版本、【活】…原本・写本を活字化したもの　その他は原本・写本　国立国会図書館はNDLと略

「愛宕山ノ画」（国立公文書館デジタルアーカイブ）https://www.digital.archives.go.jp/das/image-l/

M1000000000000000705
『浮世の有様』巻之三【活】（NDLデジタルコレクション）http://dl.ndl.go.jp/info:ndljp/pid/948829
活断層データベース（産業技術総合研究所）https://gbank.gsj.jp/activefault/
『かなめいし』【版】（NDLデジタルコレクション）http://dl.ndl.go.jp/info:ndljp/pid/2533858
「京大絵図」（NDLデジタルコレクション）http://dl.ndl.go.jp/info:ndljp/pid/1286223
「京都加茂川遊覧ノ圖」（NDLデジタルコレクション）http://dl.ndl.go.jp/info:ndljp/pid/2542806
『京都市水害誌』（Google books）https://books.google.co.jp/books?id=AvZKf3cT9u0C
「京都市都市計画基本図」（縮尺1/3, 000）（昭和28年）（近代京都オーバーレイマップ）https://www.arc.ritsumei.ac.jp/archive01/theater/html/ModernKyoto/
『京都市風害誌 昭和九年九月二十一日』（NDLデジタルコレクション）http://dl.ndl.go.jp/info:ndljp/pid/1899521
『京羽二重織留』【版】（早稲田大学古典籍総合データベース）http://www.wul.waseda.ac.jp/kotenseki/html/ru04/ru04_03770/index.html
『甲子夜話』続編巻之四十九（一部）（国立公文書館 天下大変資料にみる江戸時代の災害）http://www.archives.go.jp/exhibition/digital/tenkataihen/earthquake/contents/10/photo/index.html
「新改洛陽幷洛外之圖」（NDLデジタルコレクション）http://dl.ndl.go.jp/info:ndljp/pid/3010873
地質調査所5万分の1地質図幅「京都東北部」（産業技術総合研究所 地質図Navi）https://gbank.gsj.jp/geonavi/geonavi.php#14, 35. 04007, 135. 80507
地理院地図（電子国土Web、国土地理院）https://maps.gsi.go.jp/
『天保雑記』件名：京都大地震（国立公文書館デジタルアーカイブ）https://www.digital.archives.go.jp/das/image/M1000000000000032135
都市圏活断層図（地理院地図）https://www.gsi.go.jp/bousaichiri/inspection.html
『内廻状留』（国立公文書館デジタルアーカイブ）件名：文政13年5（98ページから淀城および周辺地域の被害に関する記述あり）https://www.digital.archives.go.jp/das/image/M2009060211491057090
『日記：嘉永5（1852）－文久2（1862）』和気亀亭（京都府立京都学・歴彩館／京の記憶アーカイブ）http://www.archives.kyoto.jp/websearchpe/detail/225007
『花紅葉都咄』【版】（新日本古典籍総合データベース）https://kotenseki.nijl.ac.jp/biblio/200021949/viewer（京都府立京都学・歴彩館／京の記憶アーカイブ）http://www.archives.kyoto.jp/websearchpe/detail/225148
『文政雑記』（国立公文書館デジタルアーカイブ）件名：京地大地震届書 https://www.digital.archives.go.jp/das/image/M1000000000000031023
『視聴草』（民基々郡散）三集の十（国立公文書館デジタルアーカイブ）https://www.digital.archives.go.jp/das/image/M2016090815000454197
『雍州府志』【版】（新日本古典籍総合データベース）https://kotenseki.nijl.ac.jp/biblio/200017530/viewer

●ここにあげた史資料・WebGIS等（オープンなもの）へのリンクを小さ子社HPの本書特設ページにもアップしています。
https://www.chiisago.jp/kyoto-saigai/